HISTOIRE
DE MA VIE

L'auteur et l'éditeur de cet ouvrage se réservent le droit de le traduire ou de le faire traduire en toutes les langues. Ils poursuivront, en vertu des lois, décrets et traités internationaux, toutes contrefaçons ou toutes traductions faites au mépris de leurs droits.

PARIS. — TYPOGRAPHIE DE HENRI PLON
8, rue Garancière

HISTOIRE
DE MA VIE

PAR

GEORGE SAND

Charité envers les autres ;
Dignité envers soi-même ;
Sincérité devant Dieu.

Telle est l'épigraphe du livre que j'entreprends.
15 *avril* 1847.

GEORGE SAND.

TOME PREMIER

L'auteur et l'éditeur se réservent le droit de traduction en toutes langues

PARIS

MICHEL LÉVY FRÈRES, LIBRAIRES-ÉDITEURS

RUE VIVIENNE, 2 *bis*

1856

HISTOIRE DE MA VIE

PREMIÈRE PARTIE

CHAPITRE PREMIER [1]

Pourquoi ce livre? — C'est un devoir de faire profiter les autres de sa propre expérience. — *Lettres d'un Voyageur*. — *Confessions* de J. J. Rousseau. — Mon nom et mon âge. — Reproches à mes biographes. — Antoine Delaborde, maître paulmier et maître oiselier. — Affinités mystérieuses. — Éloge des oiseaux. — Histoire d'*Agathe* et de *Jonquille*. — L'oiselier de Venise.

Je ne pense pas qu'il y ait de l'orgueil et de l'impertinence à écrire l'histoire de sa propre vie, encore moins à choisir, dans les souvenirs que cette vie a laissés en nous, ceux qui nous paraissent valoir la

[1] Cette première partie de l'ouvrage a été écrite en 1847.

peine d'être conservés. Pour ma part, je crois accomplir un devoir, assez pénible même, car je ne connais rien de plus malaisé que de se définir et de se résumer en personne.

L'étude du cœur humain est de telle nature, que plus on s'y absorbe, moins on y voit clair; et pour certains esprits actifs, se connaître est une étude fastidieuse et toujours incomplète Pourtant je l'accomplirai, ce devoir; je l'ai toujours eu devant les yeux; je me suis toujours promis de ne pas mourir sans avoir fait ce que j'ai toujours conseillé aux autres de faire pour eux-mêmes : une étude sincère de ma propre nature et un examen attentif de ma propre existence.

Une insurmontable paresse (c'est la maladie des esprits trop occupés et celle de la jeunesse par conséquent) m'a fait différer jusqu'à ce jour d'accomplir cette tâche; et, coupable peut-être envers moi-même, j'ai laissé publier sur mon compte un assez grand nombre de biographies pleines d'erreurs, dans la louange comme dans le blâme. Il n'est pas jusqu'à mon nom qui ne soit une fable dans certaines de ces biographies, publiées d'abord à l'étranger et reproduites en France avec des modifications de fantaisie. Questionnée par les auteurs de ces récits, appelée à donner les renseignements qu'il me plairait de fournir, j'ai poussé l'apathie jusqu'à refuser à des personnes bienveillantes le plus simple indice.

J'éprouvais, je l'avoue, un dégoût mortel à occuper le public de ma personnalité, qui n'a rien de saillant, lorsque je me sentais le cœur et la tête remplis de personnalités plus fortes, plus logiques, plus complètes, plus idéales, de types supérieurs à moi-même, de personnages de roman en un mot. Je sentais qu'il ne faut parler de soi au public qu'une fois en sa vie, très-sérieusement, et n'y plus revenir.

Quand on s'habitue à parler de soi, on en vient facilement à se vanter, et cela, très-involontairement sans doute, par une loi naturelle de l'esprit humain, qui ne peut s'empêcher d'embellir et d'élever l'objet de sa contemplation. Il y a même de ces vanteries naïves dont on ne doit pas s'effrayer lorsqu'elles sont revêtues des formes du lyrisme, comme celles des poëtes, qui ont, sur ce point, un privilége spécial et consacré. Mais l'enthousiasme de soi-même qui inspire ces audacieux élans vers le ciel n'est pas le milieu où l'âme puisse se poser pour parler longtemps d'elle-même aux hommes. Dans cette excitation, le sentiment de ses propres faiblesses lui échappe. Elle s'identifie avec la Divinité, avec l'idéal qu'elle embrasse ; s'il se trouve en elle quelque retour vers le regret et le repentir, elle l'exagère jusqu'à la poésie du désespoir et du remords ; elle devient Werther, ou Manfred, ou Faust, ou Hamlet, types sublimes au point de vue de l'art, mais, qui sans le secours de l'intelligence philosophique, sont devenus parfois de funestes exemples ou des modèles hors de portée.

Que ces grandes peintures des plus puissantes émotions de l'âme des poëtes restent pourtant à jamais vénérées! et disons bien vite qu'on doit pardonner aux grands artistes de s'être drapés ainsi des nuages de la foudre ou des rayons de la gloire. C'est leur droit, et en nous donnant le résultat de leurs plus sublimes émotions, ils ont accompli leur mission souveraine. Mais disons aussi que dans des conditions plus humbles, et sous des formes plus vulgaires, on peut accomplir un devoir sérieux, plus immédiatement utile à ses semblables, en se communiquant à eux sans symbole, sans auréole et sans piédestal.

Il est certainement impossible de croire que cette faculté des poëtes qui consiste à idéaliser leur propre existence et à en faire quelque chose d'abstrait et d'impalpable soit un enseignement bien complet. Utile et vivifiant, il l'est sans doute; car tout esprit s'élève avec celui des rêveurs inspirés, tout sentiment s'épure ou s'exalte en les suivant à travers ces régions de l'extase; mais il manque à ce baume subtil, versé par eux sur nos défaillances, quelque chose d'assez important, la réalité.

Eh bien, il en coûte à un artiste de toucher à cette réalité, et ceux qui s'y complaisent sont vraiment bien généreux! Pour ma part, j'avoue que je ne puis porter aussi loin l'amour du devoir, et que ce n'est pas sans un grand effort que je vais descendre dans la prose de mon sujet.

J'ai toujours trouvé qu'il était de mauvais goût non-seulement de parler beaucoup de soi, mais encore de s'en entretenir longtemps avec soi-même. Il y a peu de jours, peu de moments dans la vie des êtres ordinaires où ils soient intéressants ou utiles à contempler. Je me suis sentie pourtant dans ces jours et dans ces heures-là quelquefois comme tout le monde, et j'ai pris la plume alors pour épancher quelque vive souffrance qui me débordait, ou quelque violente anxiété qui s'agitait en moi. La plupart de ces fragments n'ont jamais été publiés, et me serviront de jalons pour l'examen que je vais faire de ma vie. Quelques-uns seulement ont pris une forme à demi confidentielle, à demi littéraire, dans des lettres publiées à certains intervalles et datées de divers lieux. Elles ont été réunies sous le titre de *Lettres d'un voyageur*. A l'époque où j'écrivis ces lettres, je ne me sentis pas trop effrayée de parler de moi-même, parce que ce n'était pas ouvertement et littéralement de moi-même que je parlais alors. Ce *voyageur* était une sorte de fiction, un personnage convenu, masculin comme mon pseudonyme, vieux quoique je fusse encore jeune; et dans la bouche de ce triste pèlerin, qui en somme était une sorte de héros de roman, je mettais des impressions et des réflexions plus personnelles que je ne les aurais risquées dans un roman, où les conditions de l'art sont plus sévères.

J'avais besoin alors d'exhaler certaines agitations, mais non le besoin d'occuper de moi mes lecteurs.

Je l'ai peut-être moins encore aujourd'hui, ce besoin puéril chez l'homme et dangereux tout au moins chez l'artiste. Je dirai pourquoi je ne l'ai pas, et aussi pourquoi je vais pourtant écrire ma propre vie comme si je l'avais, comme on mange par raison sans éprouver aucun appétit.

Je ne l'ai pas, parce que je me trouve arrivée à un âge de calme où ma personnalité n'a rien à gagner à se produire, et où je n'aspirerais qu'à la faire oublier, à l'oublier moi-même entièrement, si je ne suivais que mon instinct, et si je ne consultais que mon goût. Je ne cherche plus le mot des énigmes qui ont tourmenté ma jeunesse; j'ai résolu en moi bien des problèmes qui m'empêchaient de dormir. On m'y a aidée, car à moi seule je n'aurais vraisemblablement rien éclairci.

Mon siècle a fait jaillir les étincelles de la vérité qu'il couve; je les ai vues, et je sais où en sont les foyers principaux, cela me suffit. J'ai cherché jadis la lumière dans des faits de psychologie. C'était absurde. Quand j'ai compris que cette lumière était dans des principes, et que ces principes étaient en moi sans venir de moi, j'ai pu, sans trop d'effort ni de mérite, entrer dans le repos de l'esprit. Celui du cœur ne s'est point fait et ne se fera jamais. Pour ceux qui sont nés compatissants, il y aura toujours à aimer sur la terre, par conséquent à plaindre, à servir, à souffrir. Il ne faut donc point chercher l'absence de douleur, de fatigue et d'effroi, à quelque âge que ce soit de la vie, car ce serait l'insensibilité, l'impuissance, la mort anticipée. Quand on a accepté un mal incurable, on le supporte mieux.

Dans ce calme de la pensée et dans cette résignation du sentiment, je ne saurais avoir d'amertume contre le genre humain qui se trompe, ni d'enthousiasme pour moi-même qui me suis trompée si longtemps. Je n'ai donc aucun attrait de lutte, aucun besoin d'expansion qui me porte à parler de mon présent ou de mon passé.

Mais j'ai dit que je regardais comme un devoir de le faire, et voici pourquoi :

Beaucoup d'êtres humains vivent sans se rendre un compte sérieux de leur existence, sans comprendre et presque sans chercher quelles sont les vues de Dieu à leur égard, par rapport à leur individualité aussi bien que par rapport à la société dont ils font partie. Ils passent parmi nous sans se révéler, parce qu'ils végètent sans se connaître, et, bien que leur destinée, si mal développée qu'elle soit, ait toujours son genre d'utilité ou de nécessité conforme aux vues de la Providence, il est fatalement certain que la manifestation de leur vie reste incomplète et moralement inféconde pour le reste des hommes.

La source la plus vivante et la plus religieuse du progrès de l'esprit humain, c'est, pour parler la langue de mon temps, la notion de *solidarité*[1]. Les hommes de tous les temps l'ont senti instinctivement ou distinctement, et toutes les fois qu'un individu s'est trouvé investi du don plus ou moins développé de manifester sa propre vie, il a été entrainé à cette manifestation par le désir de ses proches ou par une voix intérieure non moins puissante. Il lui a semblé alors remplir une obligation, et c'en était une, en effet, soit qu'il eût à raconter les événements historiques dont il avait été le témoin, soit qu'il eût fréquenté d'importantes individualités, soit enfin qu'il eût voyagé et apprécié les hommes et les choses extérieures à un point de vue quelconque.

Il y a encore un genre de travail personnel qui a été plus rarement accompli, et qui, selon moi, a une utilité tout aussi grande, c'est celui qui consiste à raconter la vie intérieure, la vie de l'âme, c'est-à-dire l'histoire de son propre esprit et de son propre cœur, en vue d'un enseignement fraternel. Ces impressions personnelles, ces voyages ou ces essais de voyage dans le monde abstrait de l'intelligence ou

---

[1] On eût dit *sensibilité* au siècle dernier, *charité* antérieurement, *fraternité* il y a cinquante ans.

du sentiment, racontés par un esprit sincère et sérieux; peuvent être un stimulant, un encouragement, et même un conseil et un guide pour les autres esprits engagés dans le labyrinthe de la vie. C'est comme un échange de confiance et de sympathie qui élève la pensée de celui qui raconte et de celui qui écoute. Dans la vie intime, un mouvement naturel nous porte à ces sortes d'expansions à la fois humbles et dignes. Qu'un ami, un frère vienne nous avouer les tourments et les perplexités de sa situation, nous n'avons pas de meilleur argument pour le fortifier et le convaincre que des arguments tirés de notre propre expérience, tant nous sentons alors que la vie d'un ami c'est la nôtre, comme la vie de chacun est celle de tous. « J'ai souffert les mêmes maux, j'ai traversé les mêmes écueils, et j'en suis sorti; donc tu peux guérir et vaincre. » Voilà ce que l'ami dit à l'ami, ce que l'homme enseigne à l'homme. Et lequel de nous, dans ces moments de désespoir et d'accablement où l'affection et le secours d'un autre être sont indispensables, n'a pas reçu une forte impression des épanchements de cette âme dans laquelle il allait épancher la sienne?

Certes alors c'est l'âme la plus éprouvée qui a le plus de pouvoir sur l'autre. Dans l'émotion, nous ne cherchons guère l'appui du sceptique railleur ou superbe. C'est vers un malheureux de notre espèce, souvent même vers un plus malheureux que nous, que nous tournons nos regards et que nous tendons nos mains. Si nous le surprenons dans un moment de détresse, il connaîtra la pitié et pleurera avec nous. Si nous l'invoquons lorsqu'il est dans l'exercice de sa force et de sa raison, il nous instruira et nous sauvera peut-être ; mais à coup sûr il n'aura d'action sur nous qu'autant qu'il nous comprendra, et pour qu'il nous comprenne il faut qu'il ait à nous faire une confidence en retour de la nôtre.

Le récit des souffrances et des luttes de la vie de chaque homme est donc l'enseignement de tous ; ce serait le salut de tous si chacun savait juger ce qui l'a fait souffrir et connaître ce qui l'a sauvé. C'est dans cette vue sublime et sous l'empire d'une foi ardente que saint Augustin écrivit ses *Confessions*, qui furent celles de son siècle et le secours efficace de plusieurs générations de chrétiens.

Un abîme sépare les *Confessions* de Jean-Jacques Rousseau de celles du Père de l'Église. Le but du philosophe du dix-huitième siècle semble plus personnel, partant moins sérieux et moins utile. Il s'accuse afin d'avoir l'occasion de disculper, il révèle des fautes ignorées afin d'avoir le droit de repousser des calomnies publiques. Aussi c'est un monument confus d'orgueil et d'humilité qui parfois nous révolte par son affectation, et souvent nous charme et nous pénètre par sa sincérité. Tout défectueux et parfois coupable que soit cet illustre écrit, il porte avec lui de graves enseignements, et plus le martyr s'abîme et s'égare à la poursuite de son idéal, plus ce même idéal nous frappe et nous attire.

Mais on a trop longtemps jugé les *Confessions* de Jean-Jacques au point de vue d'une apologie purement individuelle. Il s'est rendu complice de ce mauvais résultat en le provoquant par les préoccupations personnelles mêlées à son œuvre. Aujourd'hui que ses amis et ses ennemis personnels ne sont plus, nous jugeons l'œuvre de plus haut. Il ne s'agit plus guère pour nous de savoir jusqu'à quel point l'auteur des *Confessions* fut injuste ou malade, jusqu'à quel point ses détracteurs furent impies ou cruels. Ce qui nous intéresse, ce qui nous éclaire et nous influence, c'est le spectacle de cette âme inspirée aux prises avec les erreurs de son temps et les obstacles de sa destinée philosophique, c'est le combat de ce génie épris d'austérité, d'indépendance et de dignité, avec le milieu frivole, incrédule ou corrompu qu'il traversait, et qui, réagissant sur lui à toute heure, tantôt par la séduction, tantôt par la tyrannie, l'entraîna tantôt dans l'abîme du désespoir, et tantôt le poussa vers de sublimes protestations.

Si la pensée des *Confessions* était bonne, s'il y avait devoir à se chercher des torts puérils et à raconter des fautes inévitables, je ne suis pas de ceux qui reculeraient devant cette pénitence publique. Je crois que mes lecteurs me connaissent assez, en tant qu'écrivain, pour ne pas me taxer de couardise. Mais, à mon avis, cette manière de s'accuser n'est pas humble, et le sentiment public ne s'y est pas trompé. Il n'est pas utile, il n'est pas édifiant de savoir que Jean-Jacques a volé trois livres dix sous à mon grand-père, d'autant plus que le fait n'est pas certain [1]. Pour moi, je me souviens d'avoir pris dans mon enfance dix sous dans la bourse de ma grand'mère pour les donner à un pauvre, et même de l'avoir fait en cachette et avec plaisir. Je trouve qu'il n'y a point là sujet de se vanter ni de s'accuser. C'était tout simplement une bêtise, car pour les avoir je n'avais qu'à les demander.

[1] Voici le fait comme je l'ai trouvé dans les notes de ma grand'mère : « Francueil, mon mari, disoit un jour à Jean-
» Jacques : Allons aux Français, voulez-vous ? — Allons, dit
» Rousseau, *cela nous fera toujours bâiller une heure ou
» deux.* C'est peut-être la seule repartie qu'il ait eue en sa
» vie ; encore n'est-elle pas énormément spirituelle. C'est
» peut-être ce soir-là que Rousseau vola 3 livres 10 sols à
» mon mari. Il nous a toujours semblé qu'il y avoit eu de
» l'affectation à se vanter de cette escroquerie ; Francueil
» n'en a gardé aucun souvenir, et même il pensoit que Rous-
» seau l'avoit inventée pour montrer les susceptibilités de sa
» conscience et pour empêcher qu'on ne crût aux fautes dont
» il ne se confesse pas. Et puis d'ailleurs, quand cela seroit,
» bon Jean-Jacques ! il vous faudroit aujourd'hui faire cla-
» quer votre fouet un peu plus fort pour nous faire seule-
» ment dresser les oreilles ! »

Or la plupart de nos fautes, à nous autres honnêtes gens, ne sont rien de plus que des bêtises, et nous serions bien bons de nous en accuser devant des gens malhonnêtes qui font le mal avec art et préméditation. Le public se compose des uns et des autres. C'est lui faire un peu trop la cour que de se montrer pire que l'on n'est, pour l'attendrir ou pour lui plaire.

Je souffre mortellement quand je vois le grand Rousseau s'humilier ainsi et s'imaginer qu'en exagérant, peut-être en inventant ces péchés-là, il se disculpe des vices de cœur que ses ennemis lui attribuaient. Il ne les désarma certainement pas par ses *Confessions;* et ne suffit-il pas, pour le croire pur et bon, de lire les parties de sa vie où il oublie de s'accuser? Ce n'est que là qu'il est naïf, on le sent bien.

Qu'on soit pur ou impur, petit ou grand, il y a toujours vanité, vanité puérile et malheureuse, à entreprendre sa propre justification. Je n'ai jamais compris qu'un accusé pût répondre quelque chose sur les bancs du crime. S'il est coupable, il le devient encore plus par le mensonge, et son mensonge dévoilé ajoute l'humiliation et la honte à la rigueur du châtiment. S'il est innocent, comment peut-il s'abaisser jusqu'à vouloir le prouver?

Et encore là il s'agit de l'honneur et de la vie. Dans le cours ordinaire de l'existence, il faut, ou s'aimer tendrement soi-même, ou avoir quelque projet sérieux à faire réussir, pour s'attacher passionnément à repousser la calomnie qui atteint tous les hommes, même les meilleurs, et pour vouloir absolument prouver l'excellence de soi. C'est parfois une nécessité de la vie publique; mais dans la vie privée on ne prouve point sa loyauté par des discours; et, comme nul ne peut prouver qu'il ait atteint à la perfection, il faut laisser à ceux qui nous connaissent le soin de nous absoudre de nos travers et d'apprécier nos qualités.

Enfin, comme nous sommes solidaires les uns des autres, il n'y a point de faute isolée. Il n'y a point d'erreur dont quelqu'un ne soit la cause ou le complice, et il est impossible de s'accuser sans accuser le prochain, non pas seulement l'ennemi qui nous attaque, mais encore parfois l'ami qui nous défend. C'est ce qui est arrivé à Rousseau, et cela est mal. Qui peut lui pardonner d'avoir confessé madame de Warens en même temps que lui?

Pardonne-moi, Jean-Jacques, de te blâmer en fermant ton admirable livre des *Confessions!* Je te blâme, et c'est te rendre hommage encore, puisque ce blâme ne détruit pas mon respect et mon enthousiasme pour l'ensemble de ton œuvre.

Je ne fais point ici un ouvrage d'art, je m'en défends même, car ces choses ne valent que par la spontanéité et l'abandon, et je ne voudrais pas raconter ma vie comme un roman. La forme emporterait le fond.

Je pourrai donc parler sans ordre et sans suite, tomber même dans beaucoup de contradictions. La nature humaine n'est qu'un tissu d'inconséquences, et je ne crois point du tout (mais du tout) à ceux qui prétendent s'être trouvés d'accord avec le *moi* de la veille.

Mon ouvrage se ressentira donc par la forme de ce laisser aller de mon esprit, et, pour commencer, je laisserai là l'exposé de ma conviction sur l'utilité de ces *Mémoires*, et je le compléterai par l'exemple du fait, au fur et à mesure du récit que je vais commencer.

Qu'aucun de ceux qui m'ont fait du mal ne s'effraie, je ne me souviens pas d'eux; qu'aucun amateur de scandale ne se réjouisse, je n'écris pas pour lui.

Je suis née l'année du couronnement de Napoléon, l'an XII de la république française (1804). Mon nom n'est pas Marie-Aurore de Saxe, marquise de Dudevant, comme plusieurs de mes biographes l'ont découvert, mais Amantine-Lucile-Aurore Dupin, et mon mari, M. François Dudevant, ne s'attribue aucun titre. Il n'a jamais été que sous-lieutenant d'infanterie, et il n'avait que vingt-sept ans quand je l'ai épousé. En faisant de lui un vieux colonel de l'empire, on l'a confondu avec M. Delmare, personnage d'un de mes romans. Il est vraiment trop facile de faire la biographie d'un romancier, en transportant les fictions de ses contes dans la réalité de son existence. Les frais d'imagination ne sont pas grands.

On nous a peut-être confondus aussi, lui et moi, avec nos parents. Marie-Aurore de Saxe était ma grand'mère, le père de mon mari était colonel de cavalerie sous l'empire. Mais il n'était ni rude ni grognon ; c'était le meilleur et le plus doux des hommes.

A ce propos, et j'en demande bien pardon à mes biographes ; mais, au risque de me brouiller avec eux et de payer leur bienveillance d'ingratitude, je le ferai : je ne trouve ni délicat, ni convenable, ni honnête, que pour m'excuser de n'avoir pas persévéré à vivre sous le toit conjugal, et d'avoir plaidé en séparation, on accuse mon mari de torts dont j'ai absolument cessé de me plaindre depuis que j'ai reconquis mon indépendance. Que le public, à ses moments perdus, s'entretienne des souvenirs d'un procès de ce genre, et qu'il en ait gardé une impression plus ou moins favorable à l'un ou à l'autre, cela ne se peut empêcher ; et il n'y a pas à s'en soucier de part ni d'autre, quand on a cru devoir affronter et subir la publicité de pareils débats. — Mais les écrivains qui s'attachent à raconter la vie d'un autre écrivain, ceux surtout qui sont prévenus en sa faveur et qui veulent le grandir ou le réhabiliter dans l'opinion publique, ceux-là ne devraient pas agir contre son sentiment et sa pensée, en frappant d'estoc et de taille autour de lui. La tâche d'un écrivain en pareil cas est celle d'un ami, et les amis ne doivent point manquer aux égards qui sont, après tout, de morale publique. Mon mari est vivant et ne lit ni mes écrits ni ceux qu'on fait sur mon compte. C'est une raison de plus pour moi de désavouer les attaques dont il est l'objet à propos de moi. Je n'ai pu vivre avec lui, nos caractères et nos idées différaient essentiellement. Il avait des motifs pour ne point consentir à une séparation légale, dont il éprouvait pourtant le besoin, puisqu'elle existait de fait. Des conseils imprudents l'ont engagé à provoquer des débats publics qui nous ont contraints à nous accuser l'un l'autre. Triste résultat d'une législation imparfaite et que l'avenir amendera. Depuis que la séparation a été prononcée et maintenue, je me suis hâtée d'oublier mes griefs, en ce sens que toute récrimination publique contre lui me semble de mauvais goût, et ferait croire à une persistance de ressentiments dont je ne suis pas complice.

 Ceci posé, on devine que je ne transcrirai point dans mes Mémoires les pièces de mon procès. Ce serait me faire ma tâche trop pénible que d'y donner place aux rancunes puériles et aux souvenirs amers. J'ai beaucoup souffert de tout cela; mais je n'écris pas pour me plaindre et pour me faire consoler. Les douleurs que j'aurais à raconter à propos d'un fait purement personnel n'auraient aucune utilité générale. Je ne raconterai que celles qui peuvent atteindre tous les hommes. Encore une fois donc, amateurs de scandale, fermez mon livre dès la première page, il n'est pas fait pour vous.

Ceci est probablement tout ce que j'aurai à conclure de mon mariage, et je l'ai dit tout de suite pour obéir à un arrêt de ma conscience. Il n'est pas prudent, je le sais, de désavouer des biographes bien disposés en votre faveur, et qui peuvent vous menacer d'une édition revue et corrigée; mais je n'ai jamais été prudente en quoi que ce soit, et je n'ai point vu que ceux qui se donnaient la peine de l'être fussent plus épargnés que moi. A chances égales, il faut agir selon l'impulsion de son vrai caractère.

Je laisse là le chapitre du mariage jusqu'à nouvel ordre, et je reviens à celui de ma naissance.

Cette naissance qui m'a été reprochée si souvent et si singulièrement des deux côtés de ma famille est un fait assez curieux en effet, et qui m'a parfois donné à réfléchir sur la question des races.

Je soupçonne mes biographes étrangers particulièrement d'être fort aristocrates, car ils m'ont tous gratifiée d'une illustre origine, sans vouloir tenir compte, eux qui devaient être si bien informés, d'une tache assez visible dans mon blason.

On n'est pas seulement l'enfant de son père, on est aussi un peu, je crois, celui de sa mère. Il me semble même qu'on l'est davantage, et que nous tenons aux entrailles qui nous ont portés, de la façon la plus immédiate, la plus puissante, la plus sacrée. Or, si mon père était l'arrière-petit-fils d'Auguste II, roi de Pologne, et si, de ce côté, je me trouve d'une manière illégitime, mais fort réelle, proche parente de Charles X et de Louis XVIII, il n'en est pas moins vrai que je tiens au peuple par le sang, d'une manière tout aussi intime et directe; de plus, il n'y a point de bâtardise de ce côté-là.

Ma mère était une pauvre enfant du vieux pavé de Paris; son père, Antoine Delaborde, était *maître paulmier* et *maître oiselier,* c'est-à-dire qu'il vendit des serins et des chardonnerets sur le quai aux Oiseaux, après avoir tenu un petit estaminet avec billards, dans je ne sais quel coin de Paris, où, du reste, il ne fit point ses affaires. Le parrain de ma mère avait, il est vrai, un nom illustre dans la partie des oiseaux; il s'appelait Barra; et ce nom se lit encore au boulevard du Temple, au-dessus d'un édifice de cages de toutes dimensions, où sifflent toujours joyeusement une foule de volatiles que je regarde comme autant de parrains et de marraines, mystérieux patrons avec lesquels j'ai toujours eu des affinités particulières.

Expliquera qui voudra ces affinités entre l'homme et certains êtres secondaires dans la création. Elles sont tout aussi réelles que les antipathies et les terreurs insurmontables que nous inspirent certains animaux inoffensifs. Quant à moi, la sympathie des oiseaux m'est si bien acquise, que mes amis en ont été souvent frappés comme d'un fait prodigieux. J'ai fait à cet égard des éducations merveilleuses; mais les oiseaux sont les seuls êtres de la création sur lesquels j'aie jamais exercé une puissance fascinatrice, et s'il y a de la fatuité à s'en vanter, c'est à eux que j'en demande pardon.

Je tiens ce *don* de ma mère, qui l'avait encore plus que moi, et qui marchait toujours dans notre jardin accompagnée de pierrots effrontés, de fauvettes agiles et de pinsons babillards, vivant sur les arbres en pleine liberté, mais venant becqueter avec confiance les mains qui les avaient nourris. Je gagerais bien qu'elle tenait cette influence de son père, et que celui-ci ne s'était point fait oiselier par un simple hasard de situation, mais par une tendance naturelle à se rapprocher des êtres avec lesquels l'instinct l'avait mis en relation. Personne n'a refusé à Martin, à Carter et à Van Amburg une puissance particulière sur l'instinct des animaux féroces. J'espère qu'on ne me contestera pas trop mon savoir-faire et mon savoir-vivre avec les bipèdes emplumés qui jouaient peut-être un rôle fatal dans mes existences antérieures.

Plaisanterie à part, il est certain que chacun de nous a une prévention marquée, quelquefois même violente, pour ou contre certains animaux. Le chien joue un rôle exorbitant dans la vie de l'homme, et il y a bien là quelque mystère qu'on n'a pas sondé entièrement. J'ai eu une servante qui avait la passion des cochons, et qui s'évanouissait de désespoir quand elle les voyait passer entre les mains du boucher; tandis que moi, élevée à la campagne, rustiquement même, et devant m'être habituée à voir ces animaux qu'on nourrit chez nous en grand nombre, j'en ai toujours eu une terreur puérile, insurmontable, jusqu'au point de perdre la tête si je me vois entourée de cette gent immonde : j'aimerais cent fois mieux me voir au milieu des lions et des tigres.

C'est peut-être que tous les types, départis chacun spécialement à chaque race d'animaux, se retrouvent dans l'homme. Les physionomistes ont constaté des ressemblances physiques; qui peut nier les ressemblances morales? N'y a-t-il pas parmi nous des renards, des loups, des lions, des aigles, des hannetons, des mouches? La grossièreté humaine est souvent basse et féroce comme l'appétit du pourceau, et c'est ce qui me cause le plus de terreur et de dégoût chez l'homme. J'aime le chien, mais pas tous les chiens. J'ai même des antipathies marquées contre certains caractères d'individus de cette race. Je les aime un peu rebelles, hardis, grondeurs et indépendants. Leur gourmandise à tous me chagrine. Ce sont des êtres excellents, admirablement doués, mais incorrigibles sur certains points où la grossièreté de la brute reprend trop ses droits. L'homme-chien n'est pas un beau type.

Mais l'oiseau, je le soutiens, est l'être supérieur dans la création. Son organisation est admirable. Son vol le place matériellement au-dessus de l'homme, et lui crée une puissance vitale que notre génie n'a pu encore nous faire acquérir. Son bec et ses pattes possèdent une adresse inouïe. Il a des instincts d'amour conjugal, de prévision et d'industrie domestique ; son nid est un chef-d'œuvre d'habileté, de sollicitude et de luxe délicat. C'est la principale espèce où le mâle aide la femelle dans les devoirs de la famille, et où le père s'occupe, comme l'homme, de construire l'habitation, de préserver et de nourrir les enfants. L'oiseau est chanteur, il est beau, il a la grâce, la souplesse, la vivacité, l'attachement, la morale, et c'est bien à tort qu'on en a fait souvent le type de l'inconstance. En tant que l'instinct de fidélité est départi à la bête, il est le plus fidèle des animaux. Dans la race canine si vantée, la femelle seule a l'amour de la progéniture, ce qui la rend supérieure au mâle; chez l'oiseau, les deux sexes, doués d'égales vertus, offrent l'exemple de l'idéal dans l'hyménée. Qu'on ne parle donc pas légèrement des oiseaux. Il s'en faut de fort peu qu'ils ne nous valent; et comme musiciens et poëtes, ils sont naturellement mieux doués que nous. L'homme-oiseau, c'est l'artiste.

Puisque je suis sur le chapitre des oiseaux (et pourquoi ne l'épuiserais-je pas, puisque je me suis permis une fois pour toutes les interminables digressions?), je citerai un trait dont j'ai été témoin et que j'aurais voulu raconter à Buffon, ce doux poëte de la nature. J'élevais deux fauvettes de différents nids et de différentes variétés : l'une à poitrine jaune, l'autre à corsage gris. La poitrine jaune, qui s'appelait *Jonquille*, était de quinze jours plus âgée que la poitrine grise, qui s'appelait *Agathe*. Quinze jours pour une fauvette (la fauvette est le plus intelligent et le plus précoce de nos petits oiseaux), cela équivaut à dix ans pour une jeune personne. Jonquille était donc une fillette fort gentille, encore maigrette et mal emplumée, ne sachant voler que d'une branche à l'autre, et même ne mangeant point seule; car les oiseaux que l'homme élève se développent beaucoup plus lentement que ceux qui s'élèvent à l'état sauvage. Les mères fauvettes sont beaucoup plus sévères que nous, et Jonquille aurait mangé seule quinze jours plus tôt, si j'avais eu la sagesse de l'y forcer en l'abandonnant à elle-même et en ne cédant pas à ses importunités.

Agathe était un petit enfant insupportable. Elle ne faisait que remuer, crier, secouer ses plumes naissantes et tourmenter Jonquille, qui commençait à réfléchir et à se poser des problèmes, une patte rentrée sous le duvet de sa robe, la tête enfoncée dans les épaules, les yeux à demi fermés.

Pourtant elle était encore très-petite fille, très-gourmande, et s'efforçait de voler jusqu'à moi pour manger à satiété, dès que j'avais l'imprudence de la regarder.

Un jour, j'écrivais je ne sais quel roman qui me passionnait un peu; j'avais placé à quelque distance la branche verte sur laquelle perchaient et vivaient en bonne intelligence mes deux élèves. Il faisait un peu frais. Agathe, encore à moitié nue, s'était serrée et blottie sous le ventre de Jonquille, qui se prêtait à ce rôle de mère avec une complaisance généreuse. Elles se tinrent tranquilles toutes les deux pendant une demi-heure, dont je profitai pour écrire; car il était rare qu'elles me permissent tant de loisir dans la journée.

Mais enfin l'appétit se réveilla, et Jonquille, sautant sur une chaise, puis sur ma table, vint effacer le dernier mot au bout de ma plume, tandis qu'Agathe, n'osant quitter la branche, battait des ailes et allongeait de mon côté son bec entr'ouvert avec des cris désespérés.

J'étais au milieu de mon dénoûment, et pour la première fois je pris de l'humeur contre Jonquille. Je lui fis observer qu'elle était d'âge à manger seule, qu'elle avait sous le bec une excellente pâtée dans une jolie soucoupe, et que j'étais résolue à ne point fermer les yeux plus longtemps sur sa paresse. Jonquille, un peu piquée et têtue, prit le parti de bouder et de retourner sur sa branche. Mais Agathe ne se résigna pas de même, et se tournant vers elle, lui demanda à manger avec une insistance incroyable. Sans doute elle lui parla avec une grande éloquence, ou si elle ne savait pas encore bien s'exprimer, elle eut dans la voix des accents à déchirer un cœur sensible. Moi, barbare, je regardais et j'écoutais sans bouger, étudiant l'émotion très-visible de Jonquille, qui semblait hésiter et se livrer un combat intérieur fort extraordinaire.

Enfin elle s'arme de résolution, vole d'un seul élan jusqu'à la soucoupe, crie un instant, espérant que la nourriture viendra d'elle-même à son bec; puis elle se décide et entame la pâtée. Mais, ô prodige de sensibilité! elle ne songe pas à apaiser sa propre faim, elle remplit son bec, retourne à la branche, et fait manger Agathe avec autant d'adresse et de propreté que si elle eût été déjà mère.

Depuis ce moment Agathe et Jonquille ne m'importunèrent plus, et la petite fut nourrie par l'aînée, qui s'en tira bien mieux que moi, car elle la rendit propre, luisante, grasse, et sachant se servir elle-même beaucoup plus vite que je n'y serais parvenue. Ainsi cette pauvrette avait fait de sa compagne une fille adoptive, elle qui n'était encore qu'une enfant, et elle n'avait appris à se nourrir elle-même que poussée et vaincue par un sentiment de charité maternelle envers sa compagne [1].

Un mois après, Jonquille et Agathe, toujours inséparables, quoique de même sexe et de variétés différentes, vivaient en pleine liberté sur les grands arbres de mon jardin. Elles ne s'écartaient pas beaucoup de la maison, et elles élisaient leur domicile de préférence sur la cime d'un grand sapin. Elles étaient longuettes, lisses et fraîches. Tous les jours, comme c'était la belle saison et que nous mangions en plein air, elles descendaient à tire d'ailes sur notre table, et se tenaient autour de nous comme d'aimables convives, tantôt sur une branche voisine, tantôt sur notre épaule, tantôt volant au-devant du do-

---

[1] Il paraît que cette prodigieuse histoire est la chose la plus ordinaire du monde, car, depuis que j'ai écrit ce volume, nous en avons vu d'autres exemples. Une couvée de rossignols de muraille, élevée par nous, et commençant à peine à savoir manger, nourrissait avec tendresse tous les petits oiseaux de son espèce que l'on plaçait dans la même cage.

mestique qui apportait les fruits, pour les goûter sur l'assiette avant nous.

Malgré leur confiance en nous tous, elles ne se laissaient prendre et retenir que par moi, et à quelque moment que ce fût de la journée, elles descendaient du haut de leur arbre à mon appel, qu'elles connaissaient fort bien, et ne confondaient jamais avec celui des autres personnes. Ce fut une grande surprise pour un de mes amis qui arrivait de Paris que de m'entendre appeler des oiseaux perdus dans les hautes branches, et de les voir accourir immédiatement. Je venais de parier avec lui que je les ferais obéir, et comme il n'avait pas assisté à leur éducation, il crut un instant à quelque diablerie.

J'ai eu aussi un rouge-gorge qui, pour l'intelligence et la mémoire, était un être prodigieux ; un milan royal, qui était une bête féroce pour tout le monde, et qui vivait avec moi dans de tels rapports d'intimité qu'il se perchait sur le bord du berceau de mon fils, et, de son grand bec, tranchant comme un rasoir, il enlevait délicatement et avec un petit cri tendre et coquet les mouches qui se posaient sur le visage de l'enfant. Il y mettait tant d'adresse et de précaution qu'il ne le réveilla jamais. Ce monsieur était pourtant d'une telle force et d'une telle volonté qu'il s'envola un jour après avoir roulé sous lui et brisé une cage énorme où on l'avait mis, parce qu'il devenait dangereux pour les personnes qui lui déplaisaient. Il n'y avait point de chaîne dont il ne coupât les anneaux fort lestement, et les plus grands chiens en avaient une terreur insurmontable.

Je n'en finirais pas avec l'histoire des oiseaux que j'ai eus pour amis et pour compagnons. A Venise, j'ai vécu tête à tête avec un sansonnet plein de charmes, qui s'est noyé dans le canaletto, à mon grand désespoir; ensuite avec une grive que j'y ai laissée et dont je ne me suis pas séparée sans douleur. Les Vénitiens ont un grand talent pour élever les oiseaux, et il y avait, dans un coin de rue, un jeune gars qui faisait des merveilles en ce genre. Un jour il mit à la loterie et gagna je ne sais combien de sequins. Il les mangea dans la journée dans un grand festin qu'il donna à tous ses amis en guenilles. Puis, le lendemain, il revint s'asseoir dans son coin, sur les marches d'un abordage, avec ses cages pleines de pies et de sansonnets qu'il vendait tout instruits aux passants, et avec lesquels il s'entretenait avec amour du matin au soir. Il n'avait aucun chagrin, aucun regret d'avoir fait manger son argent à ses amis. Il avait trop vécu avec les oiseaux pour n'être pas artiste. C'est ce jour-là qu'il me vendit mon aimable grive cinq sous. Avoir pour cinq sous une compagne belle, bonne, gaie, instruite, et qui ne demande qu'à vivre un jour avec vous pour vous aimer toute sa vie, c'est vraiment trop bon marché!

Ah ! les oiseaux ! qu'on les respecte peu et qu'on les apprécie mal !

Je me suis passé la fantaisie d'écrire un roman où les oiseaux jouent un rôle assez important et où j'ai essayé de dire quelque chose sur les affinités et les influences occultes. C'est *Teverino,* auquel je renvoie mon lecteur, ainsi que je le ferai souvent quand je ne voudrai pas redire ce que j'ai mieux développé ailleurs. Je sais bien que je n'écris pas pour le genre humain. Le genre humain a bien d'autres affaires en tête que de se mettre au courant d'une collection de romans et de lire l'histoire d'un individu étranger au monde officiel. Les gens de mon métier n'écrivent jamais que pour un certain nombre de personnes placées dans des situations ou perdues dans des rêveries analogues à celles qui les occupent. Je ne craindrai donc pas d'être outrecuidante en priant ceux qui n'ont rien de mieux à faire de relire certaines pages de moi pour compléter celles qu'ils ont sous les yeux.

Ainsi, dans *Teverino,* j'ai inventé une jeune fille ayant pouvoir, comme la première Ève, sur les oiseaux de la création, et je veux dire ici que ce n'est point là une pure fantaisie; pas plus que les merveilles qu'on raconte en ce genre du poétique et admirable *imposteur* Apollonius de Tyane, ne sont des fables contraires à l'esprit du christianisme. Nous vivons dans un temps où l'on n'explique pas bien encore les causes naturelles qui ont passé jusqu'ici pour des miracles, mais où l'on peut déjà constater que rien n'est miracle ici-bas, et que les lois de l'univers, pour n'être pas toutes sondées et définies, n'en sont pas moins conformes à l'ordre éternel.

Mais il est temps de clore ce chapitre des oiseaux et d'en revenir à celui de ma naissance.

CHAPITRE DEUXIÈME

De la naissance et du libre arbitre. — Frédéric-Auguste. — Aurore de Kœnigsmark. — Maurice de Saxe. — Aurore de Saxe. — Le comte de Horn. — Mesdemoiselles Verrières et les beaux esprits du dix-huitième siècle. — M. Dupin de Francueil. — Madame Dupin de Chenonceaux. — L'abbé de Saint-Pierre.

Donc, le sang des rois se trouva mêlé dans mes veines au sang des pauvres et des petits ; et comme ce qu'on appelle la fatalité, c'est le caractère de l'individu ; comme le caractère de l'individu, c'est son organisation ; comme l'organisation de chacun de nous est le résultat d'un mélange ou d'une parité de races, et la continuation, toujours modifiée, d'une suite de types s'enchaînant les uns aux autres ; j'en ai toujours conclu que l'hérédité naturelle, celle du corps et de l'âme, établissait une solidarité assez importante entre chacun de nous et chacun de ses ancêtres.

Car nous avons tous des ancêtres, grands et petits, plébéiens et patriciens ; ancêtres signifie *patres*, c'est-à-dire une suite de pères, car le mot n'a point de singulier. Il est plaisant que la noblesse ait accaparé ce mot à son profit, comme si l'artisan et le paysan n'avaient pas une lignée de pères derrière eux, comme si on ne pouvait porter le titre sacré de père à moins d'avoir un blason, comme si enfin les pères légitimes se trouvaient moins rares dans une classe que dans l'autre.

Ce que je pense de la noblesse de race, je l'ai écrit dans le *Piccinino*, et je n'ai peut-être fait ce roman que pour faire les trois chapitres où j'ai développé mon sentiment sur la noblesse. Telle qu'on l'a entendue jusqu'ici, elle est un préjugé monstrueux, en tant qu'elle accapare au profit d'une classe de riches et de puissants la religion de la famille, principe qui devrait être cher et sacré à tous les hommes. Par lui-même ce principe est inaliénable, et je ne trouve pas complète cette sentence espagnole : *Cada uno es hijo de sus obras.* C'est une idée généreuse et grande que d'être le fils de ses œuvres et de valoir autant par ses vertus que le patricien par ses titres. C'est cette idée qui a fait notre grande révolution ; mais c'est une idée de réaction, et les réactions n'envisagent jamais qu'un côté des questions, le côté que l'on avait trop méconnu est sacrifié. Ainsi, il est très-vrai que chacun est le fils de ses œuvres; mais il est également vrai que chacun est le fils de ses pères, de ses ancêtres, *patres et matres.* Nous apportons en naissant des instincts qui ne sont qu'un résultat du sang qui nous a été transmis, et qui nous gouverneraient comme une fatalité terrible, si nous n'avions pas une certaine somme de volonté qui est un don tout personnel accordé à chacun de nous par la justice divine.

A ce propos (ce sera encore une digression), je dirai que, selon moi, nous ne sommes pas absolument libres, et que ceux qui ont admis le dogme affreux de la prédestination auraient dû, pour être logiques et ne pas outrager la bonté de Dieu, supprimer l'atroce fiction de l'enfer, comme je la supprime, moi, dans mon âme et dans ma conscience. Mais nous ne sommes pas non plus absolument esclaves de la fatalité de nos instincts. Dieu nous a donné à tous un certain instinct assez puissant pour les combattre, en nous donnant le raisonnement, la comparaison, la faculté de mettre à profit l'expérience, de nous *sauver* enfin, que ce soit par l'amour bien entendu de soi-même, ou par l'amour de la vérité absolue.

On objecterait en vain les idiots, les fous, et une certaine variété d'homicides qui sont sous l'empire d'une monomanie furieuse et qui rentrent, par conséquent, dans la catégorie des fous et des idiots. Toute règle a son exception qui la confirme, toute combinaison, si parfaite qu'elle soit, a ses accidents. Je suis convaincue qu'avec le progrès des sociétés et l'éducation meilleure du genre humain, ces funestes accidents disparaîtront, de même que la somme de fatalité que nous apportons avec nous en naissant, devenant le résultat d'une meilleure combinaison d'instincts transmis, sera notre force et l'appui naturel de notre logique acquise, au lieu de créer des luttes incessantes entre nos penchants et nos principes.

C'est peut-être trancher un peu hardiment des questions qui ont occupé pendant des siècles la philosophie et la théologie que d'admettre, comme j'ose le faire, une somme d'esclavage et une somme de liberté. Les religions ont cru qu'elles ne pouvaient s'établir sans admettre ou sans rejeter le libre arbitre d'une manière absolue. L'Eglise de l'avenir comprendra, je crois, qu'il faut tenir compte de la fatalité, c'est-à-dire de la violence des instincts, de l'entraînement des passions. Celle du passé l'avait déjà pressenti, puisqu'elle avait admis un purgatoire, un moyen terme entre l'éternelle damnation et l'éternelle béatitude. La théologie du genre humain perfectionnée admettra les deux principes, fatalité et liberté. Mais comme nous en avons fini, je l'espère, avec le manichéisme, elle admettra un troisième principe qui sera la solution de l'antithèse, la *grâce*.

Ce principe, elle ne l'inventera pas, elle ne fera que le conserver; car c'est, dans son antique héritage, ce qu'elle aura de meilleur et de plus beau à exhumer. La grâce, c'est l'action divine, toujours fécondante et toujours prête à venir au secours de l'homme qui l'implore. Je crois à cela, et ne saurais croire à Dieu sans cela.

L'ancienne théologie avait esquissé ce dogme à l'usage d'hommes plus naïfs et plus ignorants que nous, et par suite aussi de l'insuffisance des lumières du temps. Elle avait dit, *tentations de Satan, libre arbitre,* et *secours de la grâce* pour vaincre Satan. Ainsi, trois termes qui ne s'équilibrent pas, deux contre un, liberté absolue du choix et secours de la toute-puissance de Dieu pour résister à la fatalité, à la tentation du diable, qui doit céder, être terrassé facilement. Si cela eût été vrai, comment donc expliquer l'imbécillité humaine qui continuait à satisfaire ses passions et à se donner au diable, malgré la certitude des flammes éternelles, lorsqu'il lui était si facile de prendre, avec toute la liberté de son esprit et l'appui de Dieu, le chemin de l'éternelle félicité ?

Apparemment ce dogme n'a jamais bien persuadé les hommes ; ce dogme parti d'un sentiment austère, enthousiaste, courageux ; ce dogme téméraire jusqu'à l'orgueil et empreint de la passion du progrès, mais sans tenir compte de l'essence même de l'homme; ce dogme farouche dans son résultat et tyrannique dans ses arrêts, puisqu'il condamne logiquement à l'éternelle haine de Dieu l'insensé qui a librement choisi le culte du mal ; ce dogme-là n'a jamais sauvé personne : les saints n'ont gagné le ciel que par l'amour. La peur n'a pas empêché les faibles de rouler dans l'enfer catholique.

En séparant absolument l'âme du corps, l'esprit de la matière, l'Église catholique devait méconnaître la puissance de la tentation et décréter qu'elle avait son siége dans l'enfer. Mais si la tentation est en nous-mêmes, si Dieu a permis qu'elle y fût, en traçant la loi qui relie le fils à la mère, ou la fille au père, tous les enfants à l'un ou à l'autre, parfois à l'un autant qu'à l'autre : parfois aussi à l'aïeul, ou à l'oncle, ou au bisaïeul (car tous ces phénomènes de ressemblance, tantôt physique, tantôt morale, tantôt physique et morale à la fois, peuvent se constater chaque jour dans les familles); il est certain que la tentation n'est pas un élément maudit d'avance, et qu'elle n'est pas l'influence d'un principe abstrait placé en dehors de nous pour nous éprouver et nous tourmenter.

Jean-Jacques Rousseau croyait que nous étions tous nés bons, éducables, et il supprimait ainsi la fatalité; mais alors comment expliquait-il la perversité générale qui s'emparait de chaque homme au berceau pour le corrompre et inoculer en lui l'amour du mal? Lui aussi croyait au libre arbitre pourtant ! Il me semble que quand on admet cette liberté absolue de l'homme, il faut, en voyant le mauvais usage qu'il en fait, arriver absolument à douter de Dieu, ou à proclamer son inaction, son indifférence, et nous replonger, pour dernière conséquence désespérée, dans le dogme de la prédestination ; c'est un peu l'histoire de la théologie durant les derniers siècles.

En admettant que l'éducabilité ou la sauvagerie de nos instincts soit ce que je l'ai dit, un héritage qu'il ne nous appartient pas de refuser, et qu'il nous est fort inutile de renier, le mal éternel, le mal en tant que principe fatal, est détruit ; car le progrès n'est point enchaîné par le genre de fatalité que j'admets. C'est une fatalité toujours modifiable, toujours modifiée, excellente et sublime parfois, car l'héritage est parfois un don magnifique auquel la bonté de Dieu ne s'oppose jamais. La race humaine n'est plus une cohue d'êtres isolés allant au hasard, mais un assemblage de lignes qui se rattachent les unes aux autres et qui ne se brisent jamais d'une manière absolue quand même les noms périssent (médiocre accident dont les nobles seuls s'embarrassent) ; l'influence des conquêtes intellectuelles du temps s'exerce toujours sur la partie libre de l'âme, et quant à l'action divine, qui est l'âme même de ce progrès, elle va toujours vivifiant l'esprit humain, qui se dégage ainsi peu à peu des liens du passé et du péché originel de sa race.

Ainsi le mal physique quitte peu à peu notre sang, comme l'esprit du mal quitte notre âme. Tant que nos générations imparfaites luttent encore contre elles-mêmes, la philosophie peut être indulgente et la religion miséricordieuse. Elles n'ont pas le droit de tuer l'homme pour un acte de démence, de le damner pour un faux point de vue. Lorsqu'elles auront à tracer un dogme nouveau pour des êtres plus forts et plus purs, elles n'auront que faire d'y introduire l'inquisiteur des ténèbres, le bourreau de l'éternité, Satan le chauffeur. La peur n'aura plus d'action sur les hommes (elle n'en a déjà plus). La *grâce* suffira, car ce qu'on a appelé la grâce, c'est l'action de Dieu manifestée aux hommes par la foi.

Devant cet affreux dogme de l'enfer auquel l'esprit humain se refuse, devant la tyrannie d'une croyance qui n'admettait ni pardon ni espoir au delà de la vie, la conscience humaine s'est révoltée. Elle a brisé ses entraves. Elle a brisé la société avec l'Église, la tombe de ses pères avec les autels du passé. Elle a pris son vol, elle s'est égarée pour un instant, mais elle retrouvera sa route, ne vous en inquiétez pas.

Me voici encore une fois bien loin de mon sujet, et mon histoire court le risque de ressembler à celle des sept châteaux du roi de Bohême. Eh bien ! que vous importe, mes bons lecteurs ? mon histoire par elle-même est fort peu intéressante. Les faits y jouent le moindre rôle, les réflexions la remplissent. Personne n'a plus rêvé et moins agi que moi dans sa vie ; vous attendiez-vous à autre chose de la part d'un romancier ?

CHAPITRE DEUXIÈME.

Écoutez ; ma vie, c'est la vôtre ; car, vous qui me lisez, vous n'êtes point lancés dans le fracas des intérêts de ce monde, autrement vous me repousseriez avec ennui. Vous êtes des rêveurs comme moi. Dès lors tout ce qui m'arrête en mon chemin vous a arrêtés aussi. Vous avez cherché, comme moi, à vous rendre raison de votre existence, et vous avez posé quelques conclusions. Comparez les miennes aux vôtres. Pesez et prononcez. La vérité ne sort que de l'examen.

Nous nous arrêterons donc à chaque pas, et nous examinerons chaque point de vue. Ici, une vérité m'est apparue, c'est que le culte idolâtrique de la famille est faux et dangereux, mais que le respect et la solidarité dans la famille sont nécessaires. Dans l'antiquité, la famille jouait un grand rôle. Puis le rôle s'exagéra son importance, la noblesse se transmit comme un privilége, et les barons du moyen âge prirent de leur race une telle idée, qu'ils eussent méprisé les augustes familles des patriarches si la religion n'en eût consacré et sanctifié la mémoire. Les philosophes du dix-huitième siècle ébranlèrent le culte de la noblesse, la révolution le renversa ; mais l'idéal religieux de la famille fut entraîné dans cette destruction, et le peuple qui avait souffert de l'oppression héréditaire, le peuple qui riait des blasons, s'habitua à se croire uniquement fils de ses œuvres ; le peuple se trompa, il a ses ancêtres tout comme les rois. Chaque famille a sa noblesse, sa gloire, ses titres : le travail, le courage, la vertu ou l'intelligence. Chaque homme doué de quelque distinction naturelle la doit à quelque homme qui l'a précédé, ou à quelque femme qui l'a engendré. Chaque descendant d'une ligne quelconque aurait donc des exemples à suivre s'il pouvait regarder derrière lui, dans son histoire de famille. Il y trouverait de même des exemples à éviter. Les illustres lignages en sont remplis; et ce ne serait pas une mauvaise leçon pour l'enfant que de savoir de la bouche de sa nourrice les vieilles traditions de race qui faisaient l'enseignement du jeune noble au fond de son château.

Artisans, qui commencez à tout comprendre, paysans, qui commencez à savoir écrire, n'oubliez donc plus vos morts. Transmettez la vie de vos pères à vos fils, faites-vous des titres et des armoiries, si vous voulez, mais faites-vous-en tous! La truelle, la pioche ou la serpe sont d'aussi beaux attributs que le cor, la tour ou la cloche. Vous pouvez vous donner cet amusement si bon vous semble. Les industriels et les financiers se le donnent bien!

Mais vous êtes plus sérieux que ces gens-là. Eh bien, que chacun de vous cherche à tirer et à sauver de l'oubli les bonnes actions et les utiles travaux de ses aïeux, et qu'il agisse de manière que ses descendants lui rendent le même honneur. L'oubli est un monstre stupide qui a dévoré trop de générations. Combien de héros à jamais ignorés parce qu'ils n'ont pas laissé de quoi se faire élever une tombe! combien de lumières éteintes dans l'histoire parce que la noblesse a voulu être le seul flambeau et la seule histoire des siècles écoulés! Échappez à l'oubli, vous tous qui avez autre chose en l'esprit que la notion bornée du présent isolé. Écrivez votre histoire, vous tous qui avez compris votre vie et sondé votre cœur. Ce n'est pas à autres fins que j'écris la mienne, et que je vais raconter celle de mes parents.

Frédéric-Auguste, électeur de Saxe et roi de Pologne, fut le plus étonnant débauché de son temps. Ce n'est pas un honneur bien rare que d'avoir un peu de son sang dans les veines, car il eut, dit-on, plusieurs centaines de bâtards. Il eut de la belle Aurore de Kœnigsmark, cette grande et habile coquette, devant laquelle Charles XII recula et qui put se croire plus redoutable qu'une armée[1], un fils qui

---

[1] L'anecdote est assez curieuse ; la voici racontée par Voltaire, *Histoire de Charles XII* : « ... *Auguste* aima
» mieux recevoir des lois dures de son vainqueur que de ses
» sujets. Il se détermina à demander la paix au roi de Suède,
» et voulut entamer avec lui un traité secret. Il fallait cacher
» cette démarche au sénat, qu'il regardait comme un ennemi
» encore plus intraitable. L'affaire était délicate ; il s'en re-
» posa sur la comtesse de *Konigsmark*, Suédoise d'une
» grande naissance, à laquelle il était alors attaché. C'est

le surpassa de beaucoup en noblesse, bien qu'il ne fut jamais que maréchal de France. Ce fut Maurice de Saxe, le vainqueur de Fontenoy, bon et brave comme son père, mais non moins débauché; plus savant dans l'art de la guerre, plus heureux aussi et mieux secondé.

Aurore de Kœnigsmark fut faite, sur ses vieux jours, bénéficiaire d'une abbaye protestante; la même abbaye de Quedlimbourg dont la princesse Amélie de Prusse, sœur de Frédéric le Grand et amante du célèbre et malheureux baron de Trenk, fut abbesse aussi par la suite. La Kœnigsmark mourut dans cette abbaye et y fut enterrée. Il y a

---

» elle dont le frère est connu par sa mort malheureuse, et
» dont le fils a commandé les armées en France avec tant de
» succès et de gloire. Cette femme, célèbre dans le monde
» par son esprit et par sa beauté, était plus capable qu'aucun
» ministre de faire réussir une négociation. De plus, comme
» elle avait du bien dans les États de *Charles XII*, et qu'elle
» avait été longtemps à sa cour, elle avait un prétexte plau-
» sible d'aller trouver ce prince. Elle vint donc au camp des
» Suédois en Lithuanie, et s'adressa d'abord au comte *Piper*,
» qui lui promit trop légèrement une audience de son maître.
» La comtesse, parmi les perfections qui la rendaient une des
» plus aimables personnes de l'Europe, avait le talent singu-
» lier de parler les langues de plusieurs pays qu'elle n'avait
» jamais vus, avec autant de délicatesse que si elle y était
» née. Elle s'amusait même quelquefois à faire des vers fran-
» çais, qu'on eût pris pour être d'une personne née à Ver-
» sailles. Elle en composa pour *Charles XII*, que l'histoi-

quelques années, des journaux allemands ont publié qu'on avait fait des fouilles dans les caveaux de l'abbaye de Quedlimbourg, et qu'on y avait trouvé les restes parfaitement embaumés et intacts de l'abbesse Aurore, vêtue avec un grand luxe, d'une robe de brocart couverte de pierreries et d'un manteau de velours rouge doublé de martre. Or, j'ai dans ma chambre, à la campagne, le portrait de la dame encore jeune et d'une beauté éclatante de ton. On voit même qu'elle s'était fardée pour poser devant le peintre. Elle est extrêmement brune, ce qui ne réalise point l'idée que nous nous faisons d'une beauté du Nord. Ses cheveux noirs comme

---

» ne doit point omettre. Elle introduisait les dieux de la fa-
» ble, qui tous louaient les différentes vertus de *Charles*. La
» pièce finissait ainsi :

> » Enfin chacun des dieux discourant à sa gloire
> » Le plaçait par avance au temple de Mémoire ;
> » Mais Vénus et Bacchus n'en dirent pas un mot.

» Tant d'esprit et d'agréments était perdu auprès d'un homme
» tel que le roi de Suède. Il refusa constamment de la voir.
» Elle prit le parti de se trouver sur son chemin dans les fré-
» quentes promenades qu'il faisait à cheval. Effectivement
» elle le rencontra un jour dans un sentier fort étroit ; elle
» descendit de carrosse dès qu'elle l'aperçut ; le roi la salua
» sans lui dire un seul mot, tourna la bride de son cheval,
» et s'en retourna dans l'instant : de sorte que la comtesse de
» *Konigsmark* ne remporta de son voyage que la satisfaction
» de pouvoir croire que le roi de Suède ne redoutait qu'elle. »

l'encre sont relevés en arrière par des agrafes de rubis, et son front lisse et découvert n'a rien de modeste; de grosses et rudes tresses tombent sur son sein; elle a la robe de brocart d'or couverte de pierreries et le manteau de velours rouge garni de zibeline dont on l'a retrouvée habillée dans son cercueil. J'avoue que cette beauté hardie et souriante ne me plaît pas, et même que depuis l'histoire de l'exhumation, le portrait me fait un peu peur, le soir, quand il me regarde avec ses yeux brillants. Il me semble qu'elle me dit alors : « De quelles billevesées embarrasses-tu ta pauvre cervelle, rejeton dégénéré de ma race orgueilleuse? De quelle chimère d'égalité remplis-tu tes rêves? L'amour n'est pas ce que tu crois; les hommes ne seront jamais ce que tu espères. Ils ne sont faits que pour être trompés par les rois, par les femmes et par eux-mêmes. »

A côté d'elle est le portrait de son fils Maurice de Saxe, beau pastel de Latour. Il a une cuirasse éblouissante et la tête poudrée, une belle et bonne figure qui semble toujours dire : En avant, tambour battant, mèche allumée! et ne pas se soucier d'apprendre le français pour justifier son admission à l'Académie. Il ressemble à sa mère, mais il est blond, d'un ton de peau assez fin; ses yeux bleus ont plus de douceur et son sourire plus de franchise.

Pourtant le chapitre de ses passions fit souvent

tache à sa gloire, entre autres son aventure avec madame Favart, rapportée avec tant d'âme et de noblesse dans la correspondance de Favart. Une de ses dernières affections fut pour mademoiselle Verrières [1], *dame de l'Opéra*, qui habitait avec sa sœur une *petite maison des champs,* aujourd'hui existant encore, et située au nouveau centre de Paris, en pleine Chaussée-d'Antin. Mademoiselle Verrières eut de leur liaison une fille qui ne fut reconnue que quinze ans plus tard pour fille du maréchal de Saxe, et autorisée à porter son nom par un arrêt du parlement. Cette histoire est assez curieuse comme peinture des mœurs du temps. Voici ce que je trouve à ce sujet dans un vieil ouvrage de jurisprudence :

« La demoiselle *Marie-Aurore,* fille naturelle de Maurice, comte de Saxe, maréchal général des camps et armées de France, avait été baptisée sous le nom *de fille de Jean-Baptiste de la Rivière, bourgeois de Paris, et de Marie-Rinteau, sa femme.* La demoiselle Aurore étant sur le point de se marier, le sieur de Montglas avait été nommé son tuteur par sentence du Châtelet, du 3 mai 1766. Il y eut de la difficulté pour la publication des bans, la demoiselle Aurore ne voulant point consentir à être qua-

---

[1] Son vrai nom était Marie Rinteau, et sa sœur s'appelait Geneviève. Le nom qu'elles prirent de demoiselles Verrières est un nom de guerre.

lifiée de fille du sieur la Rivière, encore moins de fille de *père et mère inconnus*. La demoiselle Aurore présenta requête à la cour à l'effet d'être reçue appelante de la sentence du Châtelet. La cour, plaidant M⁰ Thétion pour la demoiselle Aurore, qui fournit la preuve complète, tant par la déposition du sieur Gervais, qui avait accouché sa mère, que par les personnes qui l'avaient tenue sur les fonts baptismaux, etc., qu'elle était fille naturelle du comte de Saxe et qu'il l'avait toujours reconnue pour sa fille; M⁰ Massonnet pour le premier tuteur qui s'en rapportait à justice, sur les conclusions conformes de M. Joly de Fleury, avocat général, rendit, le 4 juin 1766, un arrêt qui infirma la sentence du 3 mai précédent; émendant, nomma M⁰ Giraud, procureur en la cour, pour tuteur de la demoiselle Aurore, la déclara « en possession de
» l'état de fille naturelle de Maurice, comte de
» Saxe, la maintint et garda dans ledit état et pos-
» session d'icelui; ce faisant, ordonna que l'acte
» baptistaire inscrit sur les registres de la paroisse
» de Saint-Gervais et Saint-Protais de Paris, à la
» date du 19 octobre 1748, ledit extrait contenant:
» *Marie-Aurore, fille, présentée ledit jour à ce bap-*
» *tême par Antoine-Alexandre Colbert, marquis de*
» *Sourdis, et par Geneviève Rinteau, parrain et*
» *marraine*, sera réformé, et qu'au lieu des noms
» de Jean-Baptiste de la Rivière, bourgeois de Paris,

» et de Marie Rinteau, sa femme, il sera après le
» nom de *Marie-Aurore, fille,* ajouté ces mots :
» NATURELLE DE MAURICE, COMTE DE SAXE, maré-
» chal général des camps et armées de France, et
» de Marie Rinteau ; et ce par l'huissier de notre
» dite cour, porteur du présent arrêt, etc. [1] »

Une autre preuve irrécusable que ma grand'mère eût pu revendiquer devant l'opinion publique, c'est la ressemblance avérée qu'elle avait avec le maréchal de Saxe, et l'espèce d'adoption que fit d'elle la Dauphine, fille du roi Auguste, nièce du maréchal, mère de Charles X et de Louis XVIII. Cette princesse la plaça à Saint-Cyr et se chargea de son éducation et de son mariage, lui intimant défense de voir et fréquenter sa mère.

A quinze ans, Aurore de Saxe sortit de Saint-Cyr pour être mariée au comte de Horn [2], bâtard de Louis XV, et lieutenant du roi à Schelestadt. Elle le vit pour la première fois la veille de son mariage et en eut grand'peur, croyant voir marcher le portrait du feu roi, auquel il ressemblait d'une manière effrayante. Il était seulement plus grand, plus beau,

---

[1] Extrait de la *Collection de décisions nouvelles et de notions relatives à la jurisprudence actuelle,* par M⁰ J. B. Denisart, procureur au Châtelet de Paris, tome III, page 704. — Paris, 1771.

[2] Messire Antoine de Horn, chevalier de Saint-Louis, lieutenant pour le roi de la province de Schelestadt.

mais il avait l'air dur et insolent. Le soir du mariage, auquel assista l'abbé de Beaumont, mon grand-oncle (fils du duc de Bouillon et de mademoiselle Verrières), un valet de chambre dévoué vint dire au jeune abbé, qui était alors presque un enfant, d'empêcher par tous les moyens possibles la jeune comtesse de Horn de passer la nuit avec son mari. Le médecin du comte de Horn fut consulté, et le comte lui-même entendit raison.

Il en résulta que Marie-Aurore de Saxe ne fut jamais que de nom l'épouse de son premier mari; car ils ne se virent plus qu'au milieu des fêtes princières qu'ils reçurent en Alsace : garnison sous les armes, coups de canon, clefs de la ville présentées sur un plat d'or, harangues des magistrats, illuminations, grands bals à l'hôtel de ville ; que sais-je ? tout le fracas de vanité par lequel le monde semblait vouloir consoler cette pauvre petite fille d'appartenir à un homme qu'elle n'aimait pas, qu'elle ne connaissait pas, et qu'elle devait fuir comme la mort.

Ma grand'mère m'a souvent raconté l'impression que lui fit, au sortir du cloître, toute la pompe de cette réception. Elle était dans un grand carrosse doré tiré par quatre chevaux blancs, monsieur son mari était à cheval avec un habit chamarré très-magnifique. Le bruit du canon faisait autant de peur à Aurore que la voix de son mari. Une seule chose l'enivra, c'est qu'on lui apporta à signer, avec autorisation royale, la grâce des prisonniers. Et tout aussitôt une vingtaine de prisonniers sortirent des prisons d'État et vinrent la remercier. Elle se mit alors à pleurer, et peut-être la joie naïve qu'elle ressentit lui fut-elle comptée plus tard par la Providence, lorsqu'elle sortit de prison après le 9 thermidor.

Mais, peu de semaines après son arrivée en Alsace, au beau milieu d'une nuit de bal, M. le gouverneur disparut; madame la gouvernante dansait, à trois heures du matin, lorsqu'on vint lui dire tout bas que son mari la priait de vouloir passer un instant chez lui. Elle s'y rendit; mais, à l'entrée de la chambre du comte, elle s'arrêta interdite, se rappelant combien son jeune frère l'abbé lui avait recommandé de n'y jamais pénétrer seule. Elle s'enhardit dès qu'on ouvrit la chambre et qu'elle y vit de la lumière et du monde; le même valet qui avait parlé le jour du mariage soutenait en ce moment le comte de Horn dans ses bras. On l'avait étendu sur son lit, un médecin se tenait à côté. « Monsieur le comte n'a plus rien à dire à madame la comtesse, s'écria le valet de chambre en voyant paraître ma grand'mère; emmenez, emmenez madame! » Elle ne vit qu'une grande main blanche qui pendait sur le bord du lit et qu'on releva vite pour donner au cadavre l'attitude convenable. Le comte de Horn venait d'être tué en duel d'un grand coup d'épée.

Ma grand'mère n'en sut jamais davantage. Elle ne pouvait guère rendre d'autre devoir à son mari que de porter son deuil; mort ou vivant, c'était toujours de l'effroi qu'il lui avait inspiré.

Je crois, si je ne me trompe, que la Dauphine vivait encore à cette époque et qu'elle replaça Marie-Aurore dans un couvent. Que ce fût tout de suite ou peu après, il est certain que la jeune veuve recouvra bientôt la liberté de voir sa mère, qu'elle avait toujours aimée, et qu'elle en profita avec empressement [1].

Les demoiselles Verrières vivaient toujours ensemble dans l'aisance, et menant même assez grand train, encore belles et assez âgées pourtant pour être entourées d'hommages désintéressés. Celle qui fut mon arrière-grand'mère était la plus intelligente et la plus aimable. L'autre avait été superbe; je ne sais plus de quel personnage elle tenait ses ressources. J'ai ouï dire qu'on l'appelait la Belle et la Bête.

Elles vivaient agréablement, avec l'insouciance que le peu de sévérité des mœurs de l'époque leur permettait de conserver, et *cultivant les muses*, comme on disait alors. On jouait la comédie chez

---

[1] La Dauphine mourut en 1767. Ma grand'mère avait donc dix-neuf ans lorsqu'elle put aller vivre chez sa mère.

elles, M. de la Harpe y jouait lui-même ses pièces encore inédites. Aurore y fit le rôle de *Mélanie* avec un succès mérité. On s'occupait là exclusivement de littérature et de musique. Aurore était d'une beauté angélique, elle avait une intelligence supérieure, une instruction solide, à la hauteur des esprits les plus éclairés de son temps; et cette intelligence fut cultivée et développée encore par le commerce, la conversation et l'entourage de sa mère. Elle avait, en outre, une voix magnifique, et je n'ai jamais connu de meilleure musicienne. On donnait aussi l'opéra-comique chez sa mère. Elle fit *Colette* dans *le Devin du village*, *Azémia* dans *les Sauvages*, et tous les principaux rôles dans les opéras de Grétry et les pièces de Sedaine. Je l'ai entendue cent fois dans sa vieillesse chanter des airs de vieux maîtres italiens, dont elle avait fait depuis sa nourriture plus substantielle : Leo, Porpora, Hasse, Pergolèse, etc. Elle avait les mains paralysées et s'accompagnait avec deux ou trois doigts seulement sur un vieux clavecin criard. Sa voix était chevrotante, mais toujours juste et étendue; la méthode et l'accent ne se perdent pas. Elle lisait toutes les partitions à livre ouvert, et jamais depuis je n'ai entendu mieux chanter ni mieux accompagner. Elle avait cette manière large, cette simplicité carrée, ce goût pur et cette distinction de prononciation qu'on n'a plus, qu'on ne connaît plus aujourd'hui. Dans mon enfance, elle me faisait dire avec elle un petit duetto italien, de je ne sais plus quel maître :

>Non mi dir, bel idol mio,
>Non mi dir ch' io son ingrato.

Elle prenait la partie du ténor, et quelquefois encore, quoiqu'elle eût quelque chose comme soixante-cinq ans, sa voix s'élevait à une telle puissance d'expression et de charme, qu'il m'arriva un jour de rester court et de fondre en larmes en l'écoutant. Mais j'aurai à revenir sur ces premières impressions musicales, les plus chères de ma vie. Je vais retourner maintenant sur mes pas et reprendre l'histoire de la jeunesse de ma chère *bonne maman*.

Parmi les hommes célèbres qui fréquentaient la maison de sa mère, elle connut particulièrement Buffon et trouva dans son entretien un charme qui resta toujours frais dans sa mémoire. Sa vie fut riante et douce autant que brillante, à cette époque. Elle inspirait à tous l'amour ou l'amitié. J'ai nombre de poulets en vers fades que lui adressèrent les beaux esprits de l'époque, un entre autres de la Harpe, ainsi tourné :

>Des Césars à vos pieds je mets toute la cour [1].
>Recevez ce cadeau que l'Amitié présente,
>   Mais n'en dites rien à l'Amour...
>   Je crains trop qu'il ne me démente !

---

[1] Il lui envoyait sa traduction des *Douze Césars* de Suétone.

Ceci est un échantillon de la galanterie du temps. Mais Aurore traversa ce monde de séductions et cette foule d'hommages sans songer à autre chose qu'à cultiver les arts et à former son esprit. Elle n'eut jamais d'autre passion que l'amour maternel, et ne sut jamais ce que c'était qu'une aventure. C'était pourtant une nature tendre, généreuse, et d'une exquise sensibilité. La dévotion ne fut pas son frein. Elle n'en eut pas d'autre que celle du dix-huitième siècle, le déisme de Jean-Jacques Rousseau et de Voltaire. Mais c'était une âme ferme, clairvoyante, éprise particulièrement d'un certain idéal de fierté et de respect de soi-même. Elle ignora la coquetterie, elle était trop bien douée pour en avoir besoin, et ce système de provocation blessait ses idées et ses habitudes de dignité. Elle traversa une époque fort libre et un monde très-corrompu sans y laisser une plume de son aile; et, condamnée par un destin étrange à ne pas connaître l'amour dans le mariage, elle résolut le grand problème de vivre calme et d'échapper à toute malveillance, à toute calomnie.

Je crois qu'elle avait environ vingt-cinq ans lorsqu'elle perdit sa mère. Mademoiselle Verrières mourut un soir, au moment de se mettre au lit, sans être indisposée le moins du monde et en se plaignant seulement d'avoir un peu froid aux pieds. Elle s'assit devant le feu, et tandis que sa femme de chambre lui faisait chauffer sa pantoufle, elle rendit l'esprit sans dire un mot ni exhaler un soupir. Quand la femme de chambre l'eut chaussée, elle lui demanda si elle se sentait bien réchauffée, et n'en obtenant pas de réponse, elle la regarda au visage et s'aperçut que le dernier sommeil avait fermé ses yeux. Je crois que dans ce temps-là, pour certaines natures qui se trouvaient en harmonie complète avec l'humeur et les habitudes de leur milieu philosophique, tout était agréable et facile, même de mourir.

Aurore se retira dans un couvent; c'était l'usage quand on était jeune fille ou jeune veuve, sans parents pour vous piloter à travers le monde. On s'y installait paisiblement, avec une certaine élégance, on y recevait des visites, on en sortait le matin, le soir même, avec un chaperon convenable. C'était une sorte de précaution contre la calomnie, une affaire d'étiquette et de goût.

Mais pour ma grand'mère, qui avait des goûts sérieux et des habitudes d'ordre, cette retraite fut utile et précieuse. Elle y lut prodigieusement, et entassa des volumes d'extraits et de citations que je possède encore, et qui me sont un témoignage de la solidité de son esprit et du bon emploi de son temps. Sa mère ne lui avait laissé que quelques hardes, deux ou trois portraits de famille, celui d'Aurore de Kœnigsmark entre autres, singulièrement logé chez elle par le maréchal de Saxe, beaucoup de madrigaux et de pièces de vers inédits de ses amis littéraires (lesquels vers inédits méritaient bien de l'être), enfin le cachet du maréchal et sa tabatière, que j'ai encore et qui sont d'un très-joli travail. Quant à sa maison, à son théâtre et à tout son luxe de femme charmante, il est à croire que les créanciers se tenaient prêts à fondre dessus, mais que, jusqu'à l'heure sereine et insouciante de sa fin, la dame avait trop compté sur leur bonne éducation pour s'en tourmenter. Les créanciers de ce temps-là étaient, en effet, fort bien élevés. Ma grand'mère n'eut pas le moindre désagrément à subir de leur part ; mais elle se trouva réduite à une petite pension de la Dauphine, qui même manqua tout d'un coup un beau jour. Ce fut à cette occasion qu'elle écrivit à Voltaire et qu'il lui répondit une lettre charmante, dont elle se servit auprès de la duchesse de Choiseul [1].

[1] Voici la lettre de ma grand'mère, et la réponse :

A Mr de Voltaire, 24 *août* 1768.

C'est au chantre de Fontenoi que la fille du maréchal de Saxe s'adresse pour obtenir du pain. J'ai été reconnue ; Mme la Dauphine a pris soin de mon éducation après la mort de mon père. Cette princesse m'a retirée de St Cyr pour me marier à M. de Horne, chevalier de St Louis et capitaine au régiment de Royal-Bavière. Pour ma dot, elle a obtenu la lieutenance de roy de Schlestadt. Mon mari en arrivant dans cette place, au milieu des fêtes qu'on nous y donnait, est mort subitement. Depuis, la mort m'a enlevé mes protecteurs, M. le Dauphin et Mme la Dauphine.

Fontenoi, Raucoux, Laufeld sont oubliés. Je suis délaissée.

Mais il est probable que cela ne réussit point, car Aurore se décida, vers l'âge de trente ans, à épou- M. Dupin de Francueil, mon grand'père, qui en avait alors soixante-deux.

Monsieur Dupin de Francueil, le même que Jean-Jacques Rousseau, dans ses *Mémoires*, et madame d'Épinay, dans sa *Correspondance*, désignent sous le nom de Francueil seulement, était l'homme charmant par excellence, comme on l'entendait au siècle dernier. Il n'était point de haute noblesse, étant fils de M. Dupin, fermier général, qui avait quitté l'épée pour la finance. Lui-même était receveur général à

J'ai pensé que celui qui a immortalisé les victoires du père s'intéresserait aux malheurs de la fille. C'est à lui qu'il appartient d'adopter les enfants du héros et d'être mon soutien, comme il est celui de la fille du grand Corneille. Avec cette éloquence que vous avez consacrée à plaider la cause des malheureux, vous ferez retentir dans tous les cœurs le cri de la pitié, et vous acquererez autant de droits sur ma reconnaissance, que vous en avez déjà sur mon respect et sur mon admiration pour vos talents sublimes.

Réponse.

2 7bre 1768, au château de Ferney.

Madame,

J'irai bientot rejoindre le héros votre père et je lui aprendrai avec indignation l'état où est sa fille. J'ai eu l'honneur de vivre beaucoup avec lui; il daignait avoir de la bonté pour moi. C'est un des malheurs qui m'accablent dans ma vieillesse, de voir que la fille du héros de la France n'est pas

l'époque où il épousa ma grand'mère. C'était une famille bien apparentée et ancienne, ayant quatre in-folio de lignage bien établi par grimoire héraldique, avec vignettes coloriées fort jolies. Quoi qu'il en soit, ma grand'mère hésita longtemps à faire cette alliance, non que l'âge de M. Dupin fût une objection capitale, mais parce que son entourage, à elle, le tenait pour un trop petit personnage à mettre en regard de mademoiselle de Saxe, comtesse de Horn. Le préjugé céda devant des considérations de fortune, M. Dupin étant fort riche à cette époque. Pour ma grand'mère, l'ennui

heureuse en France. Si j'étais à votre place, j'irais me présenter à Mme la duchesse de Choiseul. Mon nom me ferait ouvrir les portes à deux battants, et Mme la duchesse de Choiseul, dont l'âme est juste, noble et bienfesante, ne laisserait pas passer une telle occasion de faire du bien. C'est le meilleur conseil que je puisse vous donner, et je suis sûr du succès quand vous parlerés. Vous m'avés fait, sans doute, trop d'honneur, Madame, quand vous avés pensé qu'un vieillard moribond, persécuté et retiré du monde, serait assés heureux pour servir la fille de monsieur le maréchal de Saxe. Mais vous m'avés rendu justice en ne doutant pas du vif intérêt que je dois prendre à la fille d'un si grand homme.

J'ai l'honneur d'être avec respect,

Madame,

Votre très-humble et très-obéissant serviteur,

VOLTAIRE, gentilhomme ord^e de
la chambre du Roy.

d'être séquestrée au couvent dans le plus bel âge de
sa vie, les soins assidus, la grâce, l'esprit et l'aimable caractère de son vieux adorateur, eurent plus
de poids que l'appât des richesses ; après deux ou trois
ans d'hésitation, durant lesquels il ne passa pas un
jour sans venir au parloir déjeuner et causer avec elle,
elle couronna son amour et devint madame Dupin [1].

Elle m'a souvent parlé de ce mariage si lentement
pesé et de ce grand-père que je n'ai jamais connu.
Elle m'a dit que pendant dix ans qu'ils vécurent
ensemble, il fut, avec son fils, la plus chère affection de sa vie ; et bien qu'elle n'employât jamais le
mot d'amour, que je n'ai jamais entendu sortir de
ses lèvres à propos de lui ni de personne, elle souriait quand elle m'entendait dire qu'il me paraissait
impossible d'aimer un vieillard. « Un vieillard aime
» plus qu'un jeune homme, disait-elle, et il est
» impossible de ne pas aimer qui nous aime parfai-
» tement. Je l'appelais mon vieux mari et mon
» papa. Il le voulait ainsi et ne m'appelait jamais
» que sa fille, même en public. Et puis, ajoutait-elle,
» est-ce qu'on était jamais vieux dans ce temps-là !
» C'est la révolution qui a amené la vieillesse dans
» le monde. Votre grand-père, ma fille, a été beau,

[1] Il paraîtrait qu'il y eut quelque opposition, je ne sais
de quelle part, car ils allèrent se marier en Angleterre, dans
la chapelle de l'ambassade, et firent ratifier ensuite leur union
à Paris.

» élégant, soigné, gracieux, parfumé, enjoué, ai-
» mable, affectueux et d'une humeur égale jusqu'à
» l'heure de sa mort. Plus jeune, il avait été trop
» aimable pour avoir une vie aussi calme, et je
» n'eusse peut-être pas été aussi heureuse avec lui,
» on me l'aurait trop disputé. Je suis convaincue
» que j'ai eu le meilleur âge de sa vie, et que jamais
» jeune homme n'a rendu une jeune femme aussi
» heureuse que je le fus ; nous ne nous quittions pas
» d'un instant, et jamais je n'eus un instant d'ennui
» auprès de lui. Son esprit était une encyclopédie
» d'idées, de connaissances et de talents qui ne
» s'épuisa jamais pour moi. Il avait le don de savoir
» toujours s'occuper d'une manière agréable pour
» les autres autant que pour lui-même. Le jour il
» faisait de la musique avec moi ; il était excellent
» violon, et faisait ses violons lui-même, car il
» était luthier, outre qu'il était horloger, architecte,
» tourneur, peintre, serrurier, décorateur, cuisi-
» nier, poëte, compositeur de musique, menuisier,
» et qu'il brodait à merveille. Je ne sais pas ce qu'il
» n'était pas. Le malheur, c'est qu'il mangea sa
» fortune à satisfaire tous ces instincts divers, et à
» expérimenter toutes choses ; mais je n'y vis que
» du feu, et nous nous ruinâmes le plus aimable-
» ment du monde. Le soir, quand nous n'étions
» pas en fête, il dessinait à côté de moi, tandis que
» je faisais du parfilage, et nous nous faisions la lec-

» ture à tour de rôle ; ou bien quelques amis char-
» mants nous entouraient et tenaient en haleine son
» esprit fin et fécond par une agréable causerie.
» J'avais pour amies de jeunes femmes mariées d'une
» façon plus splendide, et qui pourtant ne se las-
» saient pas de me dire qu'elles m'enviaient bien
» mon vieux mari.

» C'est qu'on savait vivre et mourir dans ce
» temps-là, disait-elle encore; on n'avait pas d'in-
» firmités importunes. Si on avait la goutte, on
» marchait quand même et sans faire la grimace :
» on se cachait de souffrir par bonne éducation. On
» n'avait pas ces préoccupations d'affaires qui gâtent
» l'intérieur et rendent l'esprit épais. On savait se
» ruiner sans qu'il y parût, comme de beaux joueurs
» qui perdent sans montrer d'inquiétude et de dépit.
» On se serait fait porter demi-mort à une partie
» de chasse. On trouvait qu'il valait mieux mourir
» au bal ou à la comédie que dans son lit, entre
» quatre cierges et de vilains hommes noirs. On
» était philosophe, on ne jouait pas l'austérité, on
» l'avait parfois sans en faire montre. Quand on
» était sage, c'était par goût, et sans faire le pédant
» ou la prude. On jouissait de la vie, et quand
» l'heure de la perdre était venue, on ne cherchait
» pas à dégoûter les autres de vivre. Le dernier
» adieu de mon vieux mari fut de m'engager à lui
» survivre longtemps et à me faire une vie heureuse.

» C'était la vraie manière de se faire regretter que
» de montrer un cœur si généreux. »

Certes, elle était agréable et séduisante, cette philosophie de la richesse, de l'indépendance, de la tolérance et de l'aménité ; mais il fallait cinq ou six cent mille livres de rente pour la soutenir, et je ne vois pas trop comment en pouvaient profiter les misérables et les opprimés.

Elle échoua, cette philosophie, devant les expiations révolutionnaires, et les heureux du passé n'en gardèrent que l'art de savoir monter avec grâce sur l'échafaud, ce qui est beaucoup, j'en conviens ; mais ce qui les aida à montrer cette dernière vaillance, ce fut le profond dégoût d'une vie où ils ne voyaient plus le moyen de s'amuser, et l'effroi d'un état social où il fallait admettre, au moins en principe, le droit de tous au bien-être et au loisir.

Avant d'aller plus loin, je parlerai d'une illustration qui était dans la famille de M. Dupin, illustration vraie et légitime, mais dont ni mon grand-père ni moi n'avons à revendiquer l'honneur et le profit intellectuel. Cette illustration, c'était madame Dupin de Chenonceaux, à laquelle je ne tiens en rien par le sang, puisqu'elle était seconde femme de M. Dupin le fermier général, et par conséquent belle-mère de M. Dupin de Francueil. Ce n'est pas une raison pour que je n'en parle pas. Je dois d'autant plus le faire que, malgré la réputation d'esprit et de charme dont elle a joui, et les éloges que lui ont accordés ses contemporains, cette femme remarquable n'a jamais voulu occuper dans la république des lettres sérieuses la place qu'elle méritait.

Elle était mademoiselle de Fontaines, et passa pour être la fille de Samuel Bernard, du moins Jean-Jacques Rousseau le rapporte. Elle apporta une dot considérable à M. Dupin; je ne me souviens plus lequel des deux possédait en propre la terre de Chenonceaux, mais il est certain qu'à eux deux ils réalisèrent une immense fortune. Ils avaient pour pied à terre à Paris l'hôtel Lambert, et pouvaient se piquer d'occuper tour à tour deux des plus belles résidences du monde.

On sait comment Jean-Jacques Rousseau devint secrétaire de M. Dupin, et habita Chenonceaux avec eux, comment il devint amoureux de madame Dupin, qui était belle comme un ange, et comment il risqua imprudemment une déclaration qui n'eut pas de succès. Il conserva néanmoins des relations d'amitié avec elle et avec son beau-fils Francueil.

Madame Dupin cultivait les lettres et la philosophie sans ostentation et sans attacher son nom aux ouvrages de son mari, dont cependant elle aurait pu, j'en suis certaine, revendiquer la meilleure partie et les meilleures idées. Leur critique étendue de l'*Esprit des lois* est un très-bon ouvrage peu connu et peu apprécié, inférieur par la forme à celui de Montesquieu, mais supérieur dans le fond à beaucoup d'égards, et, par cela même qu'il émettait dans le monde des idées plus avancées, il dut passer inaperçu à côté du génie de Montesquieu, qui répondait à toutes les tendances et à toutes les aspirations politiques du moment [1].

M. et madame Dupin travaillaient à un ouvrage sur le mérite des femmes, lorsque Jean-Jacques vécut auprès d'eux. Il les aidait à prendre des notes et à faire des recherches, et il entassa à ce sujet des matériaux considérables qui subsistent encore à l'état de manuscrits au château de Chenonceaux. L'ouvrage ne fut point exécuté, à cause de la mort de M. Dupin, et madame Dupin, par modestie, ne publia jamais ses travaux. Certains résumés de ses opinions, écrits de sa propre main, sous l'humble titre d'*Essais*, mériteraient pourtant de voir le jour, ne fût-ce que comme document historique à joindre à l'histoire philosophique du siècle dernier. Cette aimable femme est de la famille des beaux et bons

[1] Cet ouvrage ne se répandit guère. Madame de Pompadour, qui protégeait Montesquieu, obtint de M. Dupin qu'il anéantirait son livre, bien qu'il fût déjà imprimé et publié. J'ai pourtant le bonheur d'en avoir un exemplaire qui s'est conservé entre nos mains. Sans aucune prévention, ni amour-propre de famille, c'est un très-bon livre, d'une critique serrée qui relève toutes les contradictions de l'*Esprit des lois*, et présente de temps à autre des aperçus beaucoup plus élevés sur la législation et la morale des nations.

esprits de son temps, et il est peut-être beaucoup à regretter qu'elle n'ait pas consacré sa vie à développer et à répandre la lumière qu'elle portait dans son cœur.

Ce qui lui donne une physionomie très-particulière et très-originale au milieu de ces philosophes, c'est qu'elle est plus avancée que la plupart d'entre eux. Elle n'est point l'adepte de Rousseau. Elle n'a pas le talent de Rousseau; mais il n'a pas, lui, la force et l'élan de son âme. Elle procède d'une autre doctrine plus hardie et plus profonde, plus ancienne dans l'humanité, et plus nouvelle en apparence au dix-huitième siècle; elle est l'amie, l'élève ou le maître (qui sait?) d'un vieillard réputé extravagant, génie incomplet, privé du talent de la forme, et que je crois pourtant plus éclairé intérieurement de l'esprit de Dieu que Voltaire, Helvétius, Diderot et Rousseau lui-même : je parle de l'abbé de Saint-Pierre, qu'on appelait alors dans le monde le *fameux* abbé de Saint-Pierre, qualification ironique dont on lui fait grâce aujourd'hui qu'il est à peu près inconnu et oublié.

Il est des génies malheureux auxquels l'expression manque et qui, à moins de trouver un Platon pour les traduire au monde, tracent de pâles éclairs dans la nuit des temps, et emportent dans la tombe le secret de leur intelligence, l'*inconnu de leur méditation*, comme disait un membre de cette grande famille de muets ou de *bègues* illustres, Geoffroy Saint-Hilaire.

Leur impuissance semble un fait fatal, tandis que la forme la plus claire et la plus heureuse se trouve départie souvent à des hommes de courtes idées et de sentiments froids. Pour mon compte, je comprends fort bien que madame Dupin ait préféré les utopies de l'abbé de Saint-Pierre aux doctrines anglomanes de Montesquieu. Le grand Rousseau n'eut pas autant de courage moral ou de liberté d'esprit que cette femme généreuse. Chargé par elle de résumer le projet de paix perpétuelle de l'abbé de Saint-Pierre et la polysynodie, il le fit avec la clarté et la beauté de sa forme; mais il avoue avoir cru devoir passer les traits les plus hardis de l'auteur; et il renvoie au texte les lecteurs qui auront le courage d'y puiser eux-mêmes.

J'avoue que je n'aime pas beaucoup le système d'ironie adopté par Jean-Jacques Rousseau à l'égard des utopies de l'abbé de Saint-Pierre, et les ménagements qu'il croit devoir feindre avec les puissances de son temps. Sa feinte, d'ailleurs, est trop habile ou trop maladroite; ou ce n'est pas de l'ironie assez évidente, et par là elle perd de sa force, ou elle n'est pas assez déguisée, et par là elle perd de sa prudence et de son effet. Il n'y a pas d'unité, il n'y a pas de fixité dans les jugements de Rousseau sur le philosophe de Chenonceaux; selon les époques de sa vie où les dégoûts de la persécution l'abattent plus ou moins lui-même, il le traite de *grand homme* ou de *pauvre homme.* En de certains endroits des *Confessions,* on dirait qu'il rougit de l'avoir admiré. Rousseau a tort. Pour manquer de *talent,* on n'est pas un *pauvre homme.* Le génie vient du cœur et ne réside pas dans la forme. Et puis, la critique principale qu'il lui adresse avec tous les critiques de son temps, c'est de n'être point un homme pratique et d'avoir cru à la réalisation de ses réformes sociales. Il me semble pourtant que ce rêveur a vu plus clair que tous ses contemporains, et qu'il était beaucoup plus près des idées révolutionnaires, constitutionnelles, saint-simoniennes, et même de celles qu'on appelle aujourd'hui humanitaires, que son contemporain Montesquieu et ses successeurs Rousseau, Diderot, Voltaire, Helvétius, etc.

Car il y a eu de tout dans le vaste cerveau de l'abbé de Saint-Pierre, et, dans cette espèce de chaos de sa pensée, on trouve entassées pêle-mêle toutes les idées dont chacune a défrayé depuis la vie entière d'hommes très-forts. Certainement, Saint-Simon procède de lui, madame Dupin, son élève, et M. Dupin, dans la *Critique de l'Esprit des lois,* sont ouvertement *émancipateurs* de la femme. Les divers essais de gouvernement qui se sont produits depuis cent ans, les principaux actes de la diplomatie européenne, et les simulacres de conseils princiers qu'on appelle alliances, ont emprunté aux théories gouvernementales de l'abbé de Saint-Pierre des semblants (menteurs, il est vrai) de sagesse et de moralité. Quant à la philosophie de la paix perpétuelle, elle est dans l'esprit des plus nouvelles écoles philosophiques.

Il serait donc fort ridicule aujourd'hui de trouver l'abbé de Saint-Pierre ridicule, et de parler sans respect de celui que ses détracteurs mêmes appelaient l'*homme de bien* par excellence. N'eût-il conservé que ce titre pour tout bagage dans la postérité, c'est quelque chose de plus que celui de plus d'un grand homme de son temps.

Madame Dupin de Chenonceaux aima religieusement cet homme de bien, partagea ses idées, embellit sa vieillesse par des soins touchants et reçut à Chenonceaux son dernier soupir. J'y ai vu, dans la chambre même où il rendit à Dieu son âme généreuse, un portrait de lui fait peu de temps auparavant. Sa belle figure, à la fois douce et austère, a une certaine ressemblance de type avec celle de François Arago. Mais l'expression est autre, et déjà, d'ailleurs, les ombres de la mort ont envahi ce grand œil noir creusé par la souffrance, ces joues pâles dévastées par les années [1].

---

[1] J'ai commis ici une petite erreur de fait que mon cousin M. de Villeneuve, héritier de Chenonceaux et de l'histoire

Madame Dupin a laissé à Chenonceaux quelques écrits fort courts, mais très-pleins d'idées nettes et de nobles sentiments. Ce sont, en général, des pensées détachées, mais dont le lien est très-logique. Un petit traité *du Bonheur,* en quelques pages, nous a paru un chef-d'œuvre. Et pour en faire comprendre la portée philosophique, il nous suffit d'en transcrire les premiers mots : *Tous les hommes ont un droit égal au bonheur;* textuellement : « Tous les hommes ont un droit égal au *plaisir.* » Mais il ne faut pas que ce mot *plaisir,* qui a sa couleur locale comme un trumeau de cheminée, fasse équivoque et soit pris pour l'expression d'une pensée de la régence. Non, son véritable sens est un bonheur matériel, jouissance de la vie, bien-être, répartition des biens, comme on dirait aujourd'hui. Le titre de l'ouvrage, l'esprit chaste et sérieux dont il est empreint, ne peuvent laisser aucun doute sur le sens moderne de cette formule égalitaire qui répond à celle-ci : *A chacun suivant ses besoins.* C'est une idée assez *avancée,* je crois, tellement avancée, qu'aujourd'hui encore elle l'est trop pour la cervelle prudente de la plupart de nos penseurs et de nos

---

de madame Dupin, me signale. L'abbé de Saint-Pierre mourut à Paris, mais bien peu de temps après avoir fait une maladie grave à Chenonceaux.

(*Note de* 1850.)

politiques, et qu'il a fallu à l'illustre historien Louis Blanc un certain courage pour la proclamer et la développer [1].

Belle et charmante, simple, forte et calme, madame Dupin finit ses jours à Chenonceaux dans un âge très-avancé. La forme de ses écrits est aussi limpide que son âme, aussi délicate, souriante et fraîche que les traits de son visage. Cette forme est sienne, et la correction élégante n'y nuit point à l'originalité. Elle écrit la langue de son temps, mais elle a le tour de Montaigne, le trait de Bayle, et l'on voit que cette belle dame n'a pas craint de secouer la poussière des vieux maîtres. Elle ne les imite pas, mais elle se les est assimilés, comme un bon estomac nourri de bons aliments.

Il faut encore dire à sa louange que, de tous les anciens amis délaissés et soupçonnés par la douloureuse vieillesse de Rousseau, elle est peut-être la seule à laquelle il rende justice dans ses *Confessions*, et dont il avoue les bienfaits sans amertume. Elle fut bonne, même à Thérèse Levasseur et à son indigne famille. Elle fut bonne à tous, et réellement estimée ; car l'orage révolutionnaire entra dans le royal manoir de Chenonceaux et respecta

---

[1] J'écris ceci en juillet 1847. Qui sait si avant la publication de ces Mémoires un bouleversement social n'aura pas créé beaucoup de *penseurs très-courageux ?*

les cheveux blancs de la vieille dame. Toutes les mesures de rigueur se bornèrent à la confiscation de quelques tableaux historiques dont elle fit le sacrifice de bonne grâce aux exigences du moment. Sa tombe, simple et de bon goût, repose dans le parc de Chenonceaux sous de mélancoliques et frais ombrages. Touriste qui cueillez religieusement les feuilles de ces cyprès, sans autre motif que de rendre hommage à la vertueuse beauté aimée de Jean-Jacques, sachez qu'elle a droit à plus de respect encore. Elle a consolé la vieillesse de l'*homme de bien* de son temps ; elle a été son disciple ; elle a inspiré à son propre mari la théorie du respect pour son sexe ; grand hommage rendu à la supériorité douce et modeste de son intelligence. Elle a fait plus encore, elle a compris, elle, riche, belle et puissante, que *tous les hommes avaient droit au bonheur.* Honneur donc à celle qui fut belle comme la maîtresse d'un roi, sage comme une matrone, éclairée comme un vrai philosophe, et bonne comme un ange !

Une noble amitié qui fut calomniée, comme tout ce qui est naturel et bon dans le monde, unissait Francueil à sa belle-mère. Certes ce dut être pour lui un titre de plus à l'affection et à l'estime que ma grand'mère porta à son vieux mari. Le commerce d'une belle-mère comme la première madame Dupin, et celui d'une épouse comme la seconde, doivent imprimer un reflet de pure lumière sur la jeunesse et sur la vieillesse d'un homme. Les hommes doivent aux femmes plus qu'aux autres hommes ce qu'ils ont de bon ou de mauvais dans les hautes régions de l'âme, et c'est sous ce rapport qu'il faudrait leur dire : Dis-moi qui tu aimes, et je te dirai qui tu es. Un homme pourrait vivre plus aisément dans la société avec le mépris des femmes qu'avec celui des hommes; mais devant Dieu, devant les arrêts de la justice qui voit tout et qui sait tout, le mépris des femmes lui serait beaucoup plus préjudiciable. Ce serait peut-être ici le prétexte d'une digression, je pourrais citer quelques excellentes pages de M. Dupin, mon arrière-grand-père, sur l'égalité de rang de l'homme et de la femme dans les desseins de Dieu et dans l'ordre de la nature. Mais j'y reviendrai plus à propos et plus longuement dans le récit de ma propre vie.

CHAPITRE TROISIÈME

Une anecdote sur J. J. Rousseau. — Maurice Dupin, mon père. — Deschartres, mon précepteur. — La tête du curé. — Le *libéralisme* d'avant la révolution. — La visite domiciliaire. — Incarcération. — Dévouement de Deschartres et de mon père. — *Nérina*.

Puisque j'ai parlé de Jean-Jacques Rousseau et de mon grand-père, je placerai ici une anecdote gracieuse que je trouve dans les papiers de ma grand'mère Aurore Dupin de Francueil.

« Je ne l'ai vu qu'une seule fois (elle parle de
» Jean-Jacques), et je n'ai garde de l'oublier jamais.
» Il vivoit déjà sauvage et retiré, atteint de cette
» misanthropie qui fut trop cruellement raillée par
» ses amis paresseux ou frivoles.

» Depuis mon mariage, je ne cessois de tour-
» menter M. de Francueil pour qu'il me le fit voir;
» et ce n'étoit pas bien aisé. Il y alla plusieurs fois
» sans pouvoir être reçu. Enfin, un jour il le trouva
» jetant du pain sur sa fenêtre à des moineaux. Sa
» tristesse étoit si grande qu'il lui dit en les voyant
» s'envoler : Les voilà repus. Savez-vous ce qu'ils
» vont faire? Ils s'en vont au plus haut des toits pour

» dire du mal de moi, et que mon pain ne vaut
» rien. »

« Avant que je visse Rousseau, je venois de lire
» tout d'une haleine la *Nouvelle Héloïse*, et, aux
» dernières pages, je me sentis si bouleversée que je
» pleurois à sanglots. M. de Francueil m'en plai-
» santoit doucement. J'en voulois plaisanter moi-
» même, mais, ce jour-là, depuis le matin jusqu'au
» soir, je ne fis que pleurer. Je ne pouvois penser
» à la mort de Julie sans recommencer mes pleurs.
» J'en étois malade, j'en étois laide.

» Pendant cela, M. de Francueil, avec l'esprit et
» la grâce qu'il savait mettre à tout, courut cher-
» cher Jean-Jacques. Je ne sais comment il s'y prit,
» mais il l'enleva, il l'amena, sans m'avoir pré-
» venue de son dessein.

» Jean-Jacques avoit cédé de fort mauvaise grâce,
» sans s'enquérir de moi, ni de mon âge, ne s'at-
» tendant qu'à satisfaire la curiosité d'une femme,
» et ne s'y prêtant pas volontiers, à ce que je puis
» croire.

» Moi, avertie de rien, je ne me pressois pas de
» finir ma toilette, j'étois avec madame d'Esparbès
» de Lussan, mon amie, la plus aimable femme du
» monde et la plus jolie, bien qu'elle fût un peu
» louche et un peu contrefaite. Elle se moquoit de
» moi parce qu'il m'avoit pris fantaisie depuis quel-
» que temps d'étudier l'ostéologie, et elle faisoit,

» en riant, des cris affreux, parce que, voulant me
» passer des rubans qui étoient dans un tiroir, elle
» y avoit trouvé accrochée une grande et vilaine
» main de squelette.

» Deux ou trois fois M. de Francueil étoit venu
» voir si j'étois prête. Il *avoit un air*, à ce que disoit
» *le marquis* (c'est ainsi que j'appelois madame de
» Lussan, qui m'avoit donné pour petit nom *son*
» *cher baron*). Moi, je ne voyois point d'*air* à mon
» mari et je ne finissois pas de m'accommoder, ne
» me doutant point qu'il étoit là, l'ours sublime, dans
» mon salon. Il y étoit entré d'un air demi-niais,
» demi-bourru, et s'étoit assis dans un coin, sans
» marquer d'autre impatience que celle de dîner,
» afin de s'en aller bien vite.

» Enfin ma toilette finie, et mes yeux toujours
» rouges et gonflés, je vais au salon; j'aperçois un
» petit homme assez mal vêtu et comme refrogné,
» qui se levoit lourdement, qui mâchonnoit des
» mots confus. Je le regarde et je devine; je crie, je
» veux parler, je fonds en larmes. Jean-Jacques
» étourdi de cet accueil veut me remercier et fond
» en larmes. Francueil veut nous remettre l'esprit
» par une plaisanterie et fond en larmes. Nous ne
» pûmes nous rien dire. Rousseau me serra la main
» et ne m'adressa pas une parole.

» On essaya de dîner pour couper court à tous ces
» sanglots. Mais je ne pus rien manger. M. de Fran-

CHAPITRE TROISIÈME.

» cueil ne put avoir d'esprit, et Rousseau s'esquiva
» en sortant de table, sans avoir dit un mot, mé-
» content peut-être d'avoir reçu un nouveau démenti
» à sa prétention d'être le plus persécuté, le plus
» haï et le plus calomnié des hommes. »

J'espère que mon lecteur ne me saura pas mauvais gré de cette anecdote et du ton dont elle est rapportée. Pour une personne élevée à Saint-Cyr, où l'on n'apprenait pas l'orthographe, ce n'est pas mal tourné. Il est vrai qu'à Saint-Cyr, à la place de grammaire, on apprenait Racine par cœur et on y jouait ses chefs-d'œuvre. J'ai bien regret que ma grand'mère ne m'ait pas laissé plus de souvenirs personnels écrits par elle-même. Mais cela se borne à quelques feuillets. Elle passait sa vie à écrire des lettres qui valaient presque, il faut le dire, celles de madame de Sévigné, et à copier, pour la nourriture de son esprit, une foule de passages dans des livres de prédilection.

Je reprends son histoire.

Neuf mois après son mariage avec M. Dupin, jour pour jour, elle accoucha d'un fils qui fut son unique enfant, et qui reçut le nom de Maurice [1] en mémoire du maréchal de Saxe. Elle voulut le nourrir elle-même, bien entendu ; c'était encore un

---

[1] Maurice-François-Élisabeth, né le 13 janvier 1778. Il eut pour parrain le marquis de Polignac.

peu excentrique, mais elle était de celles qui avaient lu l'*Émile* avec religion et qui voulaient donner le bon exemple. En outre, elle avait le sentiment maternel extrêmement développé, et ce fut, chez elle, une passion qui lui tint lieu de toutes les autres.

Mais la nature se refusa à son zèle. Elle n'eut pas de lait, et pendant quelques jours, qu'en dépit des plus atroces souffrances elle s'obstina à faire teter son enfant, elle ne put le nourrir que de son sang. Il fallut y renoncer, et ce fut pour elle une violente douleur, et comme un sinistre pronostic.

Receveur général du duché d'Albret, M. Dupin passait, avec sa femme et son fils, une partie de l'année à Châteauroux. Ils habitaient le vieux château qui sert aujourd'hui de local aux bureaux de la préfecture, et qui domine de sa masse pittoresque le cours de l'Indre et les vastes prairies qu'elle arrose. M. Dupin, qui avait cessé de s'appeler Francueil depuis la mort de son père, établit à Châteauroux des manufactures de drap, et répandit par son activité et ses largesses baucoup d'argent dans le pays. Il était prodigue, sensuel, et menait un train de prince. Il avait à ses gages une troupe de musiciens, de cuisiniers, de parasites, de laquais, de chevaux et de chiens, donnant tout à pleines mains, au plaisir et à la bienfaisance, voulant être heureux, et que tout le monde le fût avec lui. C'était une autre manière que celle des financiers et des industriels d'aujourd'hui. Ceux-là ne gaspillent pas la fortune dans les plaisirs, dans l'amour des arts et dans les imprudentes largesses d'un sentiment aristocratique suranné. Ils suivent les idées prudentes de leur temps, comme mon grand-père suivait la routine facile du sien. Mais qu'on ne vante pas ce temps-ci plus que l'autre ; les hommes ne savent pas encore ce qu'ils font et ce qu'ils devraient faire.

Mon grand-père mourut dix ans après son mariage, laissant un grand désordre dans ses comptes avec l'État et dans ses affaires personnelles. Ma grand'mère montra la bonne tête qu'elle avait en s'entourant de sages conseils et en s'occupant de toutes choses avec activité. Elle liquida promptement, et, toutes ses dettes payées, tant à l'État qu'aux particuliers, elle se trouva *ruinée*, c'est-à-dire à la tête de 75,000 livres de rente [1].

---

[1] Voici un renseignement que me fournit mon cousin René de Villeneuve : « L'hôtel Lambert était habité par notre
» famille et par l'amie intime de madame Dupin de Chenon-
» ceaux, la belle et charmante princesse de Rohan-Chabot.
» C'était un vrai palais. En une nuit, M. de Chenonceaux,
» fils de M. et madame Dupin, cet ingrat élève de Jean-Jac-
» ques, marié depuis peu de temps à mademoiselle de Ro-
» chechouart, perdit au jeu 700 mille livres. Le lendemain
» il fallut payer cette dette d'honneur. L'hôtel Lambert fut
» engagé, d'autres biens vendus. De ces splendeurs, de ces
» peintures célèbres, il ne me reste qu'un très-beau tableau

La révolution devait restreindre bientôt ses ressources à de moindres proportions, et elle ne prit pas tout de suite son parti aussi aisément de ce second coup de fortune ; mais au premier, elle s'exécuta bravement, et, bien que je ne puisse comprendre qu'on ne soit pas immensément riche avec 75,000 livres de rente, comme tout est relatif, elle accepta cette *pauvreté* avec beaucoup de vaillance et de philosophie. En cela, elle obéissait à un principe d'honneur et de dignité qui était bien selon ses idées : au lieu que les confiscations révolutionnaires ne purent jamais prendre dans son esprit une autre forme que celle du vol et du pillage.

Après avoir quitté Châteauroux, elle habita, rue du Roi de Sicile, un *petit appartement*, dans lequel, si j'en juge par la quantité et la dimension des meubles qui garnissent aujourd'hui ma maison, il y avait encore de quoi se retourner. Elle prit, pour

---

» de Lesueur, représentant trois muses dont une joue de la
» basse. Il l'avait peint deux fois, l'autre exemplaire est au
» Musée. M. de Chenonceaux, notre grand-oncle, et notre
» grand-père Francueil ont mangé sept à huit millions d'alors.
» Mon père, marié à la sœur de ton père, était en même
» temps propre neveu de madame Dupin de Chenonceaux et
» son unique héritier. Voilà comment depuis quarante-neuf
» ans je suis propriétaire de Chenonceaux. » Je dirai ailleurs avec quel soin religieux et quelle entente de l'art M. et madame de Villeneuve ont conservé et remeublé ce château, un des chefs-d'œuvre de la renaissance.

faire l'éducation de son fils, un jeune homme que j'ai connu vieux, et qui a été aussi mon précepteur. Ce personnage, à la fois sérieux et comique, a tenu trop de place dans notre vie de famille et dans mes souvenirs, pour que je n'en fasse pas une mention particulière.

Il s'appelait François Deschartres, et comme il avait porté le petit collet en qualité de professeur au collége du cardinal Lemoine, il entra chez ma grand'mère avec le costume et le titre d'abbé. Mais, à la révolution, qui vint bientôt chicaner sur toute espèce de titres, l'abbé Deschartres devint prudemment le citoyen Deschartres. Sous l'empire, il fut M. Deschartres, maire du village de Nohant; sous la restauration, il eût volontiers repris son titre d'abbé, car il n'avait pas varié dans son amour pour les formes du passé. Mais il n'avait jamais été dans les ordres, et d'ailleurs il ne put se délivrer d'un sobriquet que j'avais attaché à son omnicompétence et à son air important; on ne l'appelait plus dès lors que le *grand homme.*

Il avait été joli garçon, il l'était encore lorsque ma grand'mère se l'attacha : propret, bien rasé, l'œil vif et le mollet saillant. Enfin, il avait une très-bonne tournure de gouverneur. Mais je suis sûre que jamais personne, même dans son meilleur temps, n'avait pu le regarder sans rire, tant le mot *cuistre* était clairement écrit dans toutes les lignes de son visage et dans tous les mouvements de sa personne.

Pour être complet, il eût dû être ignare, gourmand et lâche. Mais loin de là, il était fort savant, très-sobre et follement courageux. Il avait toutes les grandes qualités de l'âme, jointes à un caractère insupportable et à un contentement de lui-même qui allait jusqu'au délire. Il avait les idées les plus absolues, les manières les plus rudes, le langage le plus outrecuidant. Mais quel dévouement, quel zèle, quelle âme généreuse et sensible! Pauvre *grand homme!* comme je t'ai pardonné tes persécutions! Pardonne-moi de même, dans l'autre vie, tous les mauvais tours que je t'ai joués, toutes les détestables espiègleries par lesquelles je me suis vengée de ton étouffant despotisme; tu m'as appris fort peu de chose, mais il en est une que je te dois et qui m'a bien servi : c'est de réussir, malgré les bouillonnements de mon indépendance naturelle, à supporter longtemps les caractères les moins supportables et les idées les plus extravagantes.

Ma grand'mère, en lui confiant l'éducation de son fils, ne pressentait point qu'elle faisait emplette du tyran, du sauveur et de l'ami de toute sa vie.

A ses heures de liberté, Deschartres continuait à suivre des cours de physique, de chimie, de médecine et de chirurgie. Il s'attacha beaucoup à M. Desault, et devint, sous le commandement de cet homme remarquable, un praticien fort habile pour les opérations chirurgicales. Plus tard, lorsqu'il fut le fermier de ma grand'mère et le maire du village, sa science le rendit fort utile au pays, d'autant plus qu'il l'exerçait pour l'amour de Dieu, sans rétribution aucune. Il était de si grand cœur qu'il n'était point de nuit noire et orageuse, point de chaud, de froid ni d'heure indue qui l'empêchassent de courir, souvent fort loin, par des chemins perdus, pour porter du secours dans les chaumières. Son dévouement et son désintéressement étaient vraiment admirables. Mais comme il fallait qu'il fût ridicule autant que sublime en toutes choses, il poussait l'intégrité de ses fonctions jusqu'à battre ses malades quand ils revenaient guéris lui apporter de l'argent. Il n'entendait pas plus raison sur le chapitre des présents, et je l'ai vu dix fois faire dégringoler l'escalier à de pauvres diables, en les assommant à coups de canards, de dindons et de lièvres apportés par eux en hommage à leur sauveur. Ces braves gens humiliés et maltraités s'en allaient le cœur gros, disant : Est-il méchant, ce brave cher homme! quelques-uns ajoutaient en colère : En voilà un que je tuerais, s'il ne m'avait pas sauvé la vie! Et Deschartres de vociférer, du haut de l'escalier, d'une voix de stentor : « Comment, canaille, malappris, butor, misérable! je t'ai rendu service et tu veux me payer! Tu ne veux pas être reconnaissant! Tu veux être quitte envers moi! Si tu ne te sauves bien vite, je vais te rouer de coups et te mettre pour quinze jours au lit. Et tu seras bien obligé alors de m'envoyer chercher! »

Malgré ses bienfaits, le pauvre *grand homme* était aussi haï qu'estimé, et ses vivacités lui attirèrent parfois de mauvaises rencontres dont il ne se vanta pas. Le paysan berrichon est endurant jusqu'à un certain moment où il fait bon d'y prendre garde.

Mais je vais toujours anticipant sur l'ordre des temps dans ma narration. Qu'on me le pardonne! Je voulais placer, à propos des études anatomiques de l'abbé Deschartres, une anecdote qui n'est point couleur de rose. Ce sera encore un anachronisme de quelques années; mais les souvenirs me pressent un peu confusément, me quittent de même, et j'ai peur d'oublier tout à fait ce que je remettrais au lendemain.

Sous la terreur, bien qu'assidu à veiller sur mon père et sur les intérêts de ma grand'mère, il paraît que sa passion le poussait encore de temps en temps vers les salles d'hôpitaux et les amphithéâtres de dissection. Il y avait bien assez de drames sanglants de par le monde en ce temps-là, mais l'amour de la science l'empêchait de faire beaucoup de réflexions philosophiques sur les têtes que la guillotine envoyait aux carabins. Un jour cependant il eut une

petite émotion qui le dérangea fort de ses observations. Quelques têtes humaines venaient d'être jetées sur une table de laboratoire, avec ce mot d'un élève qui en prenait assez bien son parti : *Fraîchement coupées!* On préparait une affreuse chaudière où ces têtes devaient bouillir pour être dépouillées et disséquées ensuite. Deschartres prenait les têtes une à une et allait les y plonger : « C'est la tête d'un curé, dit l'élève en lui passant la dernière; elle est tonsurée. » Deschartres la regarde et reconnaît celle d'un de ses amis qu'il n'avait pas vu depuis quinze jours et qu'il ne savait pas dans les prisons. C'est lui qui m'a raconté cette horrible aventure. « Je ne dis pas un mot; je regardais
» cette pauvre tête en cheveux blancs. Elle était
» calme et belle encore, elle avait l'air de me sou-
» rire. J'attendis que l'élève eût le dos tourné pour
» lui donner un baiser sur le front. Puis je la mis
» dans la chaudière comme les autres et je la dissé-
» quai pour moi. Je l'ai gardée quelque temps, mais
» il vint un moment où cette relique devenait trop
» dangereuse. Je l'enterrai dans un coin du jardin.
» Cette rencontre me fit tant de mal que je fus
» bien longtemps sans pouvoir m'occuper de la
» science. »

Passons vite à des historiettes plus gaies.

Mon père prenait fort mal ses leçons. Deschartres n'aurait osé le maltraiter, et quoique partisan outré de l'*ancienne méthode,* du martinet et de la férule, l'amour extrême de ma grand'mère pour son fils lui interdisait les moyens efficaces. Il essayait, à force de zèle et de ténacité, de remplacer ce puissant levier de l'intelligence, selon lui, le fouet! Il prenait avec lui les leçons d'allemand, de musique, de tout ce qu'il ne pouvait lui enseigner à lui seul, et il se faisait son répétiteur en l'absence des maîtres. Il se consacra même, par dévouement, à faire des armes et à lui faire étudier les passes entre les leçons du professeur. Mon père, qui était paresseux et d'une santé languissante à cette époque, se réveillait un peu de sa torpeur à la salle d'armes; mais quand Deschartres s'en mêlait, ce pauvre Deschartres qui avait le don de rendre ennuyeuses des choses plus intéressantes, l'enfant bâillait et s'endormait debout.—Monsieur l'abbé, lui dit-il un jour naïvement et sans malice, est-ce que quand je me battrai pour tout de bon, ça m'amusera davantage?

— Je ne le crois pas, mon ami, répondit Deschartres; mais il se trompait. Mon père eut de bonne heure l'amour de la guerre et même la passion des batailles. Jamais il ne se sentait si à l'aise, si calme et si doucement remué intérieurement que dans une charge de cavalerie.

Mais ce futur brave fut d'abord un enfant débile et terriblement gâté. On l'éleva, à la lettre, dans du coton, et comme il fit une maladie de croissance, on lui permit d'en venir à cet état d'indolence, qu'il sonnait son domestique pour lui faire ramasser son crayon ou sa plume. Il en rappela bien, Dieu merci, et l'élan de la France, lorsqu'elle courut aux frontières, le saisit un des premiers et fit de sa subite transformation un miracle entre mille.

Quand la révolution commença à gronder, ma grand'mère, comme les aristocrates éclairés de son temps, la vit approcher sans terreur. Elle était trop nourrie de Voltaire et de Jean-Jacques Rousseau pour ne pas haïr les abus de la cour. Elle était même des plus ardentes contre la coterie de la reine, et j'ai trouvé des cartons pleins de couplets, de madrigaux et de satires sanglantes contre Marie-Antoinette et ses favoris. Les gens comme il faut copiaient et colportaient ces libelles. Les plus honnêtes sont écrits de la main de ma grand'mère, peut-être quelques-uns sont-ils de sa façon ; car c'était du meilleur goût de composer quelque épigramme sur les scandales triomphants, et c'était l'opposition philosophique du moment qui prenait cette forme toute française. Il y en avait vraiment de bien hardies et de bien étranges. On mettait dans la bouche du peuple et on rimait dans l'argot des halles des chansons inouïes sur la naissance du Dauphin, sur les dilapidations et les galanteries de l'*Allemande ;* on menaçait la mère et l'enfant du fouet et du pilori.

Et qu'on ne pense pas que ces chansons sortissent du peuple. Elles descendaient du salon à la rue. J'en ai brûlé de tellement obscènes, que je n'aurais osé les lire jusqu'au bout, et celles-là écrites de la main d'abbés que j'avais connus dans mon enfance, et sortant du cerveau de marquis de bonne race, ne m'ont laissé aucun doute sur la haine profonde et l'indignation délirante de l'aristocratie à cette époque. Je crois que le peuple eût pu ne pas s'en mêler, et que s'il ne s'en fût pas mêlé, en effet, la famille de Louis XVI aurait pu avoir le même sort et ne pas prendre rang parmi les martyrs.

Au reste, je regrette fort l'accès de pruderie qui me fit, à vingt ans, brûler la plupart de ces manuscrits. Venant d'une personne aussi chaste, aussi sainte que ma grand'mère, ils me brûlaient les yeux ; j'aurais dû pourtant me dire que c'était des documents historiques qui pouvaient avoir une valeur sérieuse. Plusieurs étaient peut-être uniques, ou du moins fort rares. Ceux qui me restent sont connus, et ont été cités dans plusieurs ouvrages.

Je crois que ma grand'mère eut une grande admiration pour Necker et ensuite pour Mirabeau. Mais je perds la trace de ses idées politiques à l'époque où la révolution devint pour elle un fait accablant et un désastre personnel.

Entre tous ceux de sa classe, elle était peut-être la personne qui s'attendit le moins à être frappée dans cette grande catastrophe ; et, en fait, en quoi sa conscience pouvait-elle l'avertir qu'elle avait mérité collectivement de subir un châtiment social ? Elle avait adopté la croyance de l'égalité autant qu'il était possible dans sa situation. Elle était à la hauteur de toutes les idées avancées de son temps. Elle acceptait le contrat social avec Rousseau ; elle haïssait la superstition avec Voltaire ; elle aimait même les utopies généreuses ; le mot de république ne la fâchait point. Par nature, elle était aimante, secourable, affable, et voyait volontiers son égal dans tout homme obscur et malheureux. Que la révolution eût pu se faire sans violence et sans égarement, elle l'eût suivie jusqu'au bout sans regret et sans peur ; car c'était une très-grande âme, et, toute sa vie, elle avait aimé et cherché la vérité.

Mais il faut être plus que sincère, plus que juste, pour accepter les convulsions inévitables attachées à un bouleversement immense. Il faut être enthousiaste, aventureux, héroïque, fanatique même du règne de Dieu. Il faut que le *zèle de sa maison nous dévore* pour subir l'atteinte et le spectacle des effrayants détails de la crise. Chacun de nous est capable de consentir à une amputation pour sauver sa vie ; bien peu peuvent sourire dans la torture.

A mes yeux, la révolution est une des phases actives de la vie évangélique. Vie tumultueuse, sanglante, terrible à certaines heures, pleine de convulsions, de délires et de sanglots. C'est la lutte violente du principe de l'égalité prêché par Jésus, et passant, tantôt comme un flambeau radieux, tantôt comme une torche ardente, de main en main, jusqu'à nos jours, contre le vieux monde païen qui n'est pas détruit, qui ne le sera pas de longtemps, malgré la mission du Christ et tant d'autres missions divines, malgré tant de bûchers, d'échafauds et de martyrs.

Mais l'histoire du genre humain se complique de tant d'événements imprévus, bizarres, mystérieux; les voies de la vérité s'embranchent à tant de chemins étranges et abrupts, les ténèbres se répandent si fréquentes et si épaisses sur ce pèlerinage éternel, l'orage y bouleverse si obstinément les jalons de la route, depuis l'inscription laissée sur le sable jusqu'aux Pyramides; tant de sinistres dispersent et fourvoient les pâles voyageurs, qu'il n'est pas étonnant que nous n'ayons pas encore eu d'histoire vraie bien accréditée, et que nous flottions dans un labyrinthe d'erreurs. Les événements d'hier sont aussi obscurs pour nous que les épopées des temps fabuleux, et c'est d'aujourd'hui seulement que des études sérieuses font pénétrer quelque lumière dans ce chaos.

Alors, quoi d'étonnant dans le vertige qui s'empara de tous les esprits à l'heure de cette inextricable mêlée où la France se précipita en 93? Lorsque tout alla par représailles, que chacun fut, de fait ou d'intention, tour à tour victime et bourreau, et qu'entre l'oppression subie et l'oppression exercée il n'y eut pas le temps de la réflexion ou la liberté du choix, comment la passion eût-elle pu s'abstraire dans l'action, et l'impartialité dicter des arrêts tranquilles? Des âmes passionnées furent jugées par des âmes passionnées, et le genre humain s'écria comme au temps des vieux hussites : « C'est aujourd'hui le temps du deuil, du zèle et de la fureur. »

Quelle foi eût-il donc fallu pour se résoudre joyeusement à être, soit à tort, soit à raison, le martyr du principe? L'être à tort, par suite d'une de ces fatales méprises que la tourmente rend inévitables, était encore le plus difficile à accepter; car la foi manquait de lumière suffisante et l'atmosphère sociale était trop troublée pour que le soleil s'y montrât à la conscience individuelle. Toutes les classes de la société étaient pourtant éclairées de ce soleil révolutionnaire jusqu'au jour des états généraux. Marie-Antoinette, la première tête de la contre-révolution de 92, était révolutionnaire dans son intérieur, et pour son profit personnel, en 88, à Trianon, comme Isabelle l'est aujourd'hui sur le trône d'Espagne, comme le serait Victoria d'Angleterre, si elle était forcée de choisir entre l'absolutisme et sa liberté individuelle. La liberté! tous l'appelaient, tous la voulaient avec passion, avec fureur. Les rois la demandaient pour eux-mêmes aussi bien que le peuple.

Mais vinrent ceux qui la demandaient pour tous, et qui, par suite du choc de tant de passions opposées, ne purent la donner à personne.

Ils le tentèrent. Que Dieu les absolve des moyens qu'ils furent réduits à employer. Ce n'est pas à nous, pour qui ils ont travaillé, à les juger du haut de notre inaction inféconde [1].

Dans cette épopée sanglante, où chaque parti revendique pour lui-même les honneurs et les mérites du martyre, il faut bien reconnaître qu'il y eut, en effet, des martyrs dans les deux camps. Les uns souffrirent pour la cause du passé, les autres pour celle de l'avenir; d'autres encore, placés à la limite de ces deux principes, souffrirent sans comprendre ce qu'on châtiait en eux. Que la réaction du passé se fût faite, ils eussent été persécutés par les hommes du passé, comme ils le furent par les hommes de l'avenir.

C'est dans cette position étrange que se trouva la noble et sincère femme dont je raconte ici l'histoire. Elle n'avait point songé à émigrer, elle continuait à élever son fils et à s'absorber dans cette tâche sacrée.

Elle acceptait même la réduction considérable

---

[1] 1847.

que la crise publique avait apportée dans ses ressources. Des débris de ce qu'elle appelait les débris de sa fortune première, elle avait acheté environ 300,000 livres la terre de Nohant, peu éloignée de Châteauroux; ses relations et ses habitudes de vie la rattachaient au Berry.

Elle aspirait à se retirer dans cette province paisible, où les passions du moment s'étaient encore peu fait sentir, lorsqu'un événement imprévu vint la frapper.

Elle habitait alors la maison d'un sieur Amonin, payeur de rentes, dont l'appartement, comme presque tous ceux occupés à cette époque par les gens aisés, contenait plusieurs cachettes. M. Amonin lui proposa d'enfouir dans un des panneaux de la boiserie une assez grande quantité d'argenterie et de bijoux appartenant tant à lui qu'à elle. En outre, un M. de Villiers y cacha des titres de noblesse.

Mais ces cachettes, habilement pratiquées dans l'épaisseur des murs, ne pouvaient résister à des investigations faites souvent par les ouvriers qui les avaient établies et qui en étaient les premiers délateurs. Le 5 frimaire an II (26 novembre 93), en vertu d'un décret qui prohibait l'enfouissement de ces richesses retirées de la circulation[1], une descente

---

[1] Voici les termes de ce décret, qui avait pour but de ramener la confiance par la terreur :

« Art. 1er. Tout métal d'or et d'argent, monnayé ou non

fut faite dans la maison du sieur Amonin. Un expert menuisier sonda les lambris et par suite tout fut découvert : ma grand'mère fut arrêtée et incarcérée dans le couvent des Anglaises, rue des Fossés-Saint-Victor, qui avait été converti en maison d'arrêt[1]. Les scellés furent apposés chez elle, et les objets confisqués confiés, ainsi que l'appartement, à la garde du citoyen Leblanc, caporal. On permit au jeune Maurice (mon père) d'habiter son appartement, qui était, comme on dit, sous une autre clef, et que Deschartres occupait aussi.

monnayé, les diamans, bijoux, galons d'or et d'argent, et tous autres meubles ou effets précieux qu'on aura *découvert* ou qu'on découvrira enfouis dans la terre ou cachés dans les caves, dans l'intérieur des murs, des combles, parquets ou pavés, âtres ou tuyaux de cheminées et autres lieux secrets, sont saisis et confisqués au profit de la république.

» Art. 2. Tout dénonciateur qui procurera la découverte de pareils objets recevra le vingtième de leur valeur en assignats. . . . .

» Art. 6. L'or et l'argent, vaisselle, bijoux et autres effets quelconques seront envoyés sur-le-champ avec les inventaires au comité des inspecteurs de la ville, qui fera passer sans délai les espèces monnayées à la trésorerie nationale, et l'argenterie à la Monnaie.

» Art. 7. A l'égard des bijoux, meubles et autres effets, ils seront vendus à l'enchère, à la diligence du même comité, qui en fera passer le produit à la trésorerie, et en rendra compte à la Convention nationale. » (23 brumaire an II.)

[1] Elle avait passé dans ce même couvent une grande partie de sa retraite volontaire, avant d'épouser son second mari.

M. Dupin, alors âgé de quinze ans à peine, fut frappé de cette séparation comme d'un coup de massue. Il ne s'était attendu à rien de semblable, lui qu'on avait aussi nourri de Voltaire et de J. J. Rousseau. On lui cacha la gravité des circonstances, et le brave Deschartres renferma ses inquiétudes : mais ce dernier sentit que madame Dupin était perdue, s'il ne venait à bout d'une entreprise qu'il conçut sans hésiter et qu'il exécuta avec autant de bonheur que de courage.

Il savait bien que les objets les plus compromettants parmi tous ceux enfouis dans les boiseries de sa maison avaient échappé aux premières recherches. Ces objets, c'étaient des papiers, des titres et des lettres constatant que ma grand'mère avait contribué à un prêt volontaire secrètement effectué en faveur du comte d'Artois, alors émigré, depuis roi de France, Charles X. Quels motifs ou quelles influences la portèrent à cette action, je l'ignore, peut-être un commencement de réaction contre les idées révolutionnaires qu'elle avait suivies énergiquement jusqu'à la prise de la Bastille. Peut-être s'était-elle laissé entraîner par des conseils exaltés, ou par un secret sentiment d'orgueil du sang. Car enfin, malgré la barre de la bâtardise, elle était la cousine de Louis XVI et de ses frères, et elle crut devoir l'aumône à ces princes qui l'avaient pourtant laissée dans la misère après la mort de la Dauphine.

Dans sa pensée, je crois que ce ne fut point autre chose, et cette somme de 75,000 livres qui, dans sa situation, avait été pour elle un sacrifice sérieux, ne représentait point pour elle, comme pour tant d'autres, un fonds placé sur les faveurs et les récompenses de l'avenir. Dès cette époque au contraire, elle regardait la cause des princes comme perdue, elle n'avait de sympathie, d'estime, ni pour le caractère fourbe de *Monsieur* (Louis XVIII), ni pour la vie honteuse et débauchée du futur Charles X. Elle me parla de cette triste famille au moment de la chute de Napoléon, et je me rappelle parfaitement ce qu'elle m'en dit : mais n'anticipons pas sur les événements. Je dirai seulement que jamais la pensée ne lui vint de profiter de la restauration pour réclamer son argent aux Bourbons et pour se faire indemniser d'un service qui avait failli la conduire à la guillotine.

Soit que ces papiers fussent cachés dans une cavité particulière qu'on n'avait pas sondée, soit que, mêlés à ceux de M. de Villiers, ils eussent échappé à un premier examen des commissaires, Deschartres était certain qu'il n'en avait point été fait mention dans le procès-verbal, et il s'agissait de les soustraire au nouvel examen qui devait avoir lieu à la levée des scellés.

C'était risquer sa liberté et sa vie. Deschartres n'hésita pas.

Mais pour bien faire comprendre la gravité de cette résolution dans de pareilles circonstances, il est bon de citer ici le procès-verbal de la découverte des objets suspects. C'est un détail qui a sa couleur et dont je transcrirai fidèlement le style et l'orthographe.

« Comités révolutionnaires réünis des sections de
» Bon Conseil et Bondy. »

« Ce jourd'hui cinq frimaire, l'an deux de la république une et indivisible et impérissable, nous Jean-François Posset et François Mary, commissaires du comité révolutionnaire de la section de Bon Conseil, nous sommes transportés au comité révolutionnaire de la section de Bondy, à l'effet de requérir les membres du dit comité de se transporter avec nous au domicil du citoyen Amonin payeur de rentes, demeurant rue Nicolas n° 12, et de ce sont venus avec nous le citoyen Christophe et Gérôme, membres du comité de la section de Bondy, et Filoy, idem, ou nous sommes transportés au domicil ci-dessus ou nous sommes entrés, et sommes montés au deuxième étage et sommes entrés dans un appartement et de la dans un cabinet de toilette ou il y a trois pas à descendre accompagnés de la citoyenne Amonin, son mari ni étant pas, ou l'avons interpellée de nous déclarer s'il n'y avait rien de caché chès elle nous a déclaré n'en sçavoir rien. Et delà la ditte Amonin, s'est trouvée mal et hors de raison. De suitte avons continué notre perquisition et avons sommé le citoyen Villiers étant dans la ditte maison, demeurant rue Montmartre n° 21 section de Brutus, d'être témoin à nos perquisitions ce qu'il a fait ainsi que le citoyen Gondois idem dans la dite maison, et de là avons procédé à l'ouverture par les talens du citoyen Tartey demeurant rue du faubourg Saint-Martin n° 90, et de plus en présence du citoyen Froc portier de la ditte maison, tous assistans à l'ouverture du lambri donnant dans une armoire en face de la porte à droite. Et de suite avons fait une ouverture à leffet de découvrir ce qu'il y avait dans le dit lambri, et de suitte ouverture faite toujours assistés comme dessus avons fait la découverte d'une quantité d'argenterie et plusieurs coffres et différents papiers, et de suitte en avons fait l'inventaire en présence de tous les dénommés ci dessus. — 1° une épée montée en acier taillé, 2° une espingolle, 3° une boîte en maroquin contenant cuillères, pelles à sucre, à moutarde en vermeil et toutes avec des armoiries, etc. »

. . . .

Suit l'inventaire détaillé portant toujours la désignation des pièces et bijoux *armoriés*, car c'était là un des principaux griefs, comme chacun sait.

. . . .

« Et de suitte le citoyen Amonin est arrivé et

l'avons sommé de rester avec nous pour être présent de la suitte du procès-verbal.

» Et, de suitte, avons sommé le dit Amonin de nous déclarer le contenu d'un paquet de papiers enveloppé dans un linge blanc et sur lequel il y avait un cachet.

» Et de suitte, avons fait lecture de différentes lettres à l'adresse du citoyen de Villiers employé à l'assemblée nationale constituante, le quel citoyen de Villiers, dénommé comme présent au procès-verbal en l'absence du citoyen Amonin, nous a déclaré lui appartenir ainsi que la correspondance que nous avons trouvée enveloppée dans le linge blanc et le dit citoyen Amonin nous a déclaré ne pas sçavoir qu'ils étaient là, et n'en pas avoir connaissance dont le citoyen de Villiers est convenu. De suitte avons interpellé le citoyen Amonin de nous déclarer depuis quand la ditte argenterie et bijoux étaient enfouis, a répondu qu'ils y étaient à l'époque de la fuite du cidevant roy pour Varenne.

» A lui demandé si la ditte argenterie et bijoux lui appartenaient, a répondu qu'une partie lui appartenait et l'autre partie à la citoyenne Dupin demeurant au premier au dessous de lui.

» De suitte avons fait comparaitre la citoyenne Dupin à l'effet de nous remettre la notte de l'argenterie qui se trouvait enfouie chez le sieur Amonin, ce que la citoyenne a fait à l'instant..... Et de suitte avons passé à la vériffication des lettres et de leur contenu, en présence toujours du citoyen Villiers, lesquelles lettres vériffiées avons trouvé des copies de lettres de noblesse et armoiries que nous avons mis sous les scellés par un cachet en cœur barré, et un cachet formant la clef de montre d'un dit commissaire, le tout enfermé dans une feuille de papier blanc, pour les dites lettres être examinées par le comité de sureté générale pour par eux en être ordonné ce qu'il appartiendra. Et de suitte avons saisi comme il appert par le présent procès verbal toutes les dittes argenteries et bijoux, pour aux termes de la loi en être ordonné ce qu'il appartiendra et avons clos le présent procès verbal le six frimaire à deux heures. »

D'où il résulte que ces perquisitions s'opéraient particulièrement la nuit et comme par surprise, car ce procès-verbal est commencé le 5 et terminé le 6 à deux heures du matin. Séance tenante les commissaires décrètent d'arrestation M. de Villiers, dont le délit leur paraît apparemment le plus considérable, et ne statuent rien sur madame Dupin ni sur M. Amonin son complice, sinon que les scellés sont apposés sur les malles, coffres et boîtes de bijoux et d'argenterie, « pour être, dans le jour, » transportés à la Convention nationale, et laissés » en attendant sous la garde et responsabilité du » citoyen Leblanc, caporal, pour être par lui re-

» présentés sains et entiers à la première réquisition,
» et a déclaré ne savoir signer. »

Il paraît qu'on ne s'émut pas beaucoup d'abord de l'événement dans la maison, ou qu'on crut le danger passé; à vrai dire, la confiscation faite, avec espoir de restitution (car on prenait avec soin la note des objets saisis, et une bonne partie fut rendue intacte, ainsi qu'il paraît dans des notes de la main de Deschartres aux marges de l'inventaire contenu dans le procès-verbal), le délit d'enfouissement n'était pas bien constaté de la part de madame Dupin. Elle avait confié ou prêté les objets saisis à M. Amonin, qui avait jugé à propos de les cacher. Tel était son système de défense, et l'on ne croyait pas encore alors que les choses en viendraient au point où il n'y aurait pas de défense possible. Le fait est qu'on eut l'imprudence de laisser les dangereux papiers dont j'ai parlé plus haut dans un meuble du second entre-sol, dont il va être question tout à l'heure.

Le 13 frimaire, c'est-à-dire sept jours après la première perquisition chez Amonin, seconde descente dans la même maison, et cette fois dans l'appartement de ma grand'mère décrétée d'arrestation. Nouveau procès-verbal plus laconique et moins fleuri que le premier.

« Le treizième de frimaire, l'an second de la ré-
» publique française une et indivisible, nous, mem-

» bres du comité de surveillance de la section de
» Bondy, en vertüe de la loy et d'une arretté dudit
» comitté, en datte du onze frimaire, portant que
» les scellées serons apposé chez Marie Orrore,
» veuve Dupin ; et la ditte citoyenne mise en etat
» d'arrestations. A cette effet, nous nous sommes
» transportés dans son domicile, rüe Saint-Nicolas
» n° 12. Sommes monté au 1er étage, la porte à
» gauche, i etant avont fait part à la ditte de notre
» missions, et avons aposées les scellées sur les
» croisées et porte du dit appartement, ainsy que
» sur la porte d'entrée donnans sur lescaillée au
» nombre de dix : lesquelles scellées avons laissée
» à la garde de Charles Froc, portier de la ditte
» maison, qui les a reconnue après lecture à lui
» donnée.

» Et de suite, nous sommes transportés en la
» porte en face, sur le dit paillée occupée par le
» citoyen Maurice François Dupin, fils de la dite
» veuve Dupin, et par le citoyen Deschartre insti-
» tuteur. Aprais vériffications faite des papiers des-
» dits citoyen, nous n'avons rien trouvé contraire
» aux intérest de la république, etc. »

Voilà donc ma grand'mère arrêtée et Deschartres chargé de son salut; car, au moment d'être emmenée aux Anglaises, elle avait eu le temps de lui dire où étaient ces maudits papiers dont elle avait négligé de se défaire. Elle avait, en outre, une foule de lettres qui attestaient ses relations avec des émigrés, relations fort innocentes, à coup sûr, de sa part, mais qui pouvaient lui être imputées à crime d'État et à trahison envers la république,

Le dernier procès-verbal que j'ai cité, et Dieu sait avec quel mépris et quelle indignation le puriste Deschartres traitait dans son âme des actes rédigés en si mauvais français! ce procès-verbal, dont chaque faute d'orthographe lui donnait la chair de poule, ne constate pas l'existence d'un petit entre-sol situé au-dessus du premier et qui dépendait de l'appartement de ma grand'mère. On y montait par un escalier dérobé qui partait d'un cabinet de toilette.

Les scellés avaient été apposés sur les portes et sur les fenêtres de cet entre-sol, et c'est là qu'il fallait aller chercher les papiers. Donc, il fallait rompre trois scellés avant d'y entrer : celui de la porte du premier donnant sur l'escalier de la maison, celui de la porte du cabinet de toilette ouvrant sur l'escalier dérobé, et celui de la porte de l'entre-sol au haut de ce même escalier. La loge du citoyen portier, républicain très-farouche, était située positivement au-dessous de l'appartement de ma grand'-mère, et le caporal Leblanc, citoyen incorruptible, préposé à la garde des scellés du second étage, couchait sur un lit de sangle dans un cabinet voisin de l'appartement de M. Amonin, c'est-à-dire positivement au-dessus de l'entre-sol. Il était là, armé jusqu'aux dents, ayant consigne de faire feu sur quiconque s'introduirait dans l'un ou l'autre appartement. Et le citoyen Froc, qui, bien que portier, avait le sommeil fort léger, disposait d'une sonnette placée *ad hoc* à la fenêtre du caporal, et dont il n'avait qu'à tirer la corde pour le réveiller en cas d'alarme.

L'entreprise était donc insensée de la part d'un homme qui n'avait pas dans l'art de crocheter les portes et de s'introduire sans bruit les hautes connaissances qu'à force d'études spéciales et sérieuses acquièrent MM. les voleurs. Mais le dévouement fait des miracles. Deschartres se munit de tout ce qui était nécessaire et attendit que tout le monde fût couché. Il était déjà deux heures du matin quand la maison fut silencieuse. Alors il se lève, s'habille sans bruit, emplit ses poches de tous les instruments qu'il s'est procurés, non sans danger. Il enlève le premier scellé, puis le second, puis le troisième. Le voilà à l'entre-sol, il s'agit d'ouvrir un meuble en marqueterie qui sert de casier et de dépouiller vingt-neuf cartons remplis de papiers ; car ma grand'mère n'a pas su lui dire où sont ceux qui la compromettent.

Il ne se décourage pas ; le voilà examinant, triant, brûlant. Trois heures sonnent, rien ne bouge... mais si ! des pas légers font crier faiblement le parquet dans le salon du premier; c'est peut-être Nérina, la chienne favorite de la prisonnière qui couche auprès du lit de Deschartres et l'aura suivi. Car force lui a été, à tout événement, de laisser les portes ouvertes derrière lui; c'est le portier qui a les clefs, et Deschartres s'est introduit à l'aide d'un rossignol.

Quand on écoute attentivement avec le cœur qui bondit dans la poitrine et le sang qui vous tinte dans les oreilles, il y a un moment où l'on n'entend plus rien. Le pauvre Deschartres reste pétrifié, immobile; car, ou l'on monte l'escalier de l'entre-sol, ou il a le cauchemar; et ce n'est pas Nérina, ce sont des pas humains. On approche avec précaution; Deschartres s'était muni d'un pistolet, il l'arme, il va droit à la porte du petit escalier... mais il laisse retomber son bras déjà élevé à hauteur d'homme; car celui qui vient le rejoindre, c'est mon père, c'est Maurice, son élève chéri.

L'enfant, auquel il a vainement caché son projet, l'a deviné, épié; il vient l'aider. Deschartres, épouvanté de lui voir partager un péril effroyable, veut parler, le renvoyer; Maurice lui pose sa main sur la bouche. Deschartres comprend que le moindre bruit, un mot échangé peuvent les perdre l'un et l'autre, et la contenance de l'enfant lui prouve bien d'ailleurs qu'il ne cédera pas.

Alors tous deux, dans le plus complet silence,

se mettent à l'œuvre. L'examen des papiers continue et marche rapidement; on brûle à mesure; mais quoi! quatre heures sonnent! Il faudra plus d'une heure pour refermer les portes et replacer les scellés. La moitié de la besogne n'est pas faite, et à cinq heures le citoyen Leblanc est invariablement debout.

Il n'y a pas à hésiter. Maurice fait comprendre à son ami, par signes, qu'il faudra revenir la nuit suivante. D'ailleurs cette malheureuse petite Nérina, qu'il a eu soin d'enfermer dans sa chambre et qui s'ennuie d'être seule, commence à gémir et à hurler. On referme tout, on laisse les scellés brisés dans l'intérieur, et on se contente de réparer celui de l'entrée principale qui donne sur le grand escalier. Mon père tient la bougie et présente la cire. Deschartres, qui a pris l'empreinte des cachets, se tire de l'opération avec la prestesse et la dextérité d'un homme qui a fait des opérations chirurgicales autrement délicates. Ils rentrent chez eux et se recouchent tranquilles pour eux-mêmes, mais non pas rassurés sur le succès de leur entreprise; car on peut venir dans la journée pour lever les scellés à l'improviste, et tout est resté en désordre dans l'appartement. D'ailleurs les principales pièces de culpabilité n'ont pas encore été retrouvées et anéanties.

Heureusement cette terrible journée d'attente s'écoula sans catastrophe. Mon père porta Nérina chez un ami, Deschartres acheta pour mon père des pantoufles de lisière, graissa les portes de leur appartement, mit en ordre ses instruments, et n'essaya pas de changer l'héroïque résolution de son élève. Lorsqu'il me racontait cette histoire, vingt-cinq ans plus tard : « Je savais bien, disait-il, que si nous étions surpris, madame Dupin ne me pardonnerait jamais d'avoir laissé son fils se précipiter dans un pareil danger ; mais avais-je le droit d'empêcher un bon fils d'exposer sa vie pour sauver celle de sa mère ? Cela eût été contraire à tout principe de saine éducation, et j'étais gouverneur avant tout. »

La nuit suivante ils eurent plus de temps. Les gardiens se couchèrent de meilleure heure ; ils purent commencer leurs opérations une heure plus tôt. Les papiers furent retrouvés et réduits en cendres ; puis on rassembla ces cendres légères dans une boîte que l'on referma avec soin et que l'on emporta pour la faire disparaître le lendemain. Tous les cartons visités et purgés, on brisa plusieurs bijoux et cachets armoriés ; on enleva même des écussons sur la couverture des livres de luxe. Enfin la besogne terminée, tous les scellés furent replacés, les empreintes restituées en perfection ; les bandes de papier reparurent intactes, les portes furent refermées sans bruit, et les deux complices, après avoir accompli une action généreuse avec tout le mystère et toute l'émotion qui accompagnent la perpétration des crimes, se retirèrent dans leur appartement à l'heure voulue. Là, ils se jetèrent dans les bras l'un de l'autre, et, sans se rien dire, mêlèrent des larmes de joie. Ils croyaient avoir sauvé ma grand'mère ; mais ils devaient vivre encore longtemps sous le coup de l'épouvante ; car sa détention se prolongea jusqu'après la catastrophe du 9 thermidor, et, jusque-là, les tribunaux révolutionnaires devinrent chaque jour plus ombrageux et plus terribles.

Le 16 nivôse, c'est-à-dire environ un mois après, madame Dupin fut extraite de la maison d'arrêt et amenée dans son appartement sous la garde du citoyen Philidor, commissaire fort humain et qui se montra de plus en plus disposé en sa faveur. Le procès-verbal, rédigé sous ses yeux et signé de lui, atteste que les scellés furent retrouvés intacts. Le citoyen portier n'y eût pas mis de complaisance, donc il est à croire qu'aucun indice ne trahit l'effraction.

Que je dise en passant, car je ne veux point oublier cela, que le brave Deschartres ne m'a jamais raconté cette histoire que pressé par mes questions ; et encore la racontait-il assez mal, et n'ai-je jamais bien su les détails que par ma grand'mère. Pourtant je n'ai jamais connu de narrateur plus prolixe, plus pointilleux, plus pédant, plus vain de son rôle dans les petites choses, et plus complaisant à se faire écouter que cet honnête homme. Il ne se faisait point faute de répéter chaque soir une série d'anecdotes et de traits de sa vie que je connaissais si bien, que je le reprenais quand il se trompait d'un mot. Mais il était comme ceux de sa trempe, qui ne savent point par où ils sont grands ; et quand il s'agissait de montrer les côtés héroïques de son caractère, lui qui avait pour des puérilités des prétentions vraiment burlesques, il était aussi naïf qu'un enfant, aussi humble qu'un vrai chrétien.

Ma grand'mère n'avait été extraite de la prison que pour assister à la levée des scellés et à l'examen de ses papiers. On n'y trouva, bien entendu, rien de contraire aux *intérest de la république,* bien que cet examen durât neuf heures. Ce fut un jour de joie pour elle et pour son fils, parce qu'ils purent le passer ensemble. Leur mutuelle tendresse toucha beaucoup les commissaires et surtout Philidor, lequel Philidor était, si j'ai bonne mémoire, un ex-perruquier, très-bon patriote et honnête homme. Il prit surtout mon père en grande amitié et ne cessa de faire des démarches pour que ma grand'mère fût mise en jugement, avec l'espoir qu'elle serait acquittée. Mais ses démarches n'eurent de succès qu'à l'époque de la réaction.

Le soir du 16 nivôse il reconduisit sa prisonnière aux Anglaises, et elle y resta jusqu'au 4 fructidor (22 août 1794). Pendant quelque temps, mon père put voir sa mère un instant chaque jour au parloir des Anglaises. Il attendait ce bienheureux instant dans le cloître, par un froid glacial, et Dieu sait qu'il fait froid dans ce cloître, que j'ai arpenté dans tous les sens durant trois ans de ma vie, car j'ai été élevée dans ce même couvent. Il l'attendait souvent durant plusieurs heures, vu que, dans les commencements surtout, les consignes changeaient chaque jour selon le caprice des concierges, et peut-être suivant le vœu du gouvernement révolutionnaire, qui craignait les communications trop fréquentes et trop faciles entre les détenus et leurs parents. En d'autres temps, l'enfant mince et débile eût pris là une fluxion de poitrine. Mais les vives émotions nous font une autre santé, une autre organisation. Il n'eut pas seulement un rhume, et apprit bien vite à ne plus *s'écouter*, à ne plus se plaindre à sa mère de ses petites souffrances et de ses moindres contrariétés, comme il avait eu coutume de le faire. Il devint tout d'un coup ce qu'il devait être toujours, et l'enfant gâté disparut pour ne plus reparaître. Lorsqu'il voyait arriver à la grille sa pauvre mère toute pâle, tout effrayée du temps qu'il avait passé à l'attendre, toute prête à fondre en larmes en touchant ses mains froides, et à le conjurer de ne plus venir plutôt que de s'exposer à ces souffrances, il était honteux de la mollesse dans laquelle il s'était laissé bercer, il se reprochait d'avoir consenti à ce développement extrême de sollicitude, et, connaissant enfin par lui-même ce que c'est que de trembler et de souffrir pour ce qu'on aime, il niait qu'il eût attendu, il assurait n'avoir pas eu froid, et, par un effort de sa volonté, il arrivait réellement à ne plus sentir le froid.

Ses études étaient bien interrompues; il n'était plus question de maîtres de musique, de danse et d'escrime. Le bon Deschartres lui-même, qui aimait tant à enseigner, n'avait pas plus le cœur à donner ses leçons que l'élève à les prendre; mais cette éducation-là en valait bien une autre, et le temps qui formait le cœur et la conscience de l'homme n'était pas perdu pour l'enfant.

CHAPITRE QUATRIÈME

Sophie-Victoire-Antoinette Delaborde. — La mère Cloquart et ses filles à l'hôtel de ville. — Le couvent des Anglaises. — Sur l'adolescence. — En dehors de l'histoire officielle, il y a une histoire intime des nations. — Recueil de lettres sous la terreur.

Je suspendrai un instant ici l'histoire de ma lignée paternelle pour introduire un nouveau personnage qu'un étrange rapprochement place dans la même prison à la même époque.

J'ai parlé d'Antoine Delaborde, le maître *paulmier* et le maître *oiselier;* c'est-à-dire qu'après avoir tenu un billard, mon grand-père maternel vendit des oiseaux. Si je n'en dis pas davantage sur son compte, c'est que je n'en sais pas davantage. Ma mère ne parlait presque pas de ses parents, parce qu'elle les avait peu connus et perdus lorsqu'elle était encore enfant. Qui était son grand-père paternel? Elle n'en savait rien, ni moi non plus. Et sa grand'mère? Pas davantage. Voilà où les généalogies plébéiennes ne peuvent lutter contre celles des riches et des puissants de ce monde. Eussent-elles produit les êtres les meilleurs ou les plus pervers,

CHAPITRE QUATRIÈME.

il y a impunité pour les uns, ingratitude envers les autres. Aucun titre, aucun emblème, aucune peinture ne conserve le souvenir de ces générations obscures qui passent sur la terre et n'y laissent point de traces. Le pauvre meurt tout entier, le mépris du riche scelle sa tombe et marche dessus sans savoir si c'est même de la poussière humaine que foule son pied dédaigneux.

Ma mère et ma tante m'ont parlé d'une grand'mère maternelle qui les avait élevées et qui était bonne et pieuse. Je ne pense pas que la révolution les ruina. Elles n'avaient rien à perdre, mais elles y souffrirent, comme tout le peuple, de la rareté et de la cherté du pain. Cette grand'mère était royaliste, Dieu sait pourquoi, et entretenait ses deux petites-filles dans l'horreur de la révolution. Le fait est qu'elles n'y comprenaient goutte, et qu'un beau matin on vint prendre l'aînée, qui avait alors quinze ou seize ans et qui s'appelait Sophie-Victoire (et même Antoinette, comme la reine de France), pour l'habiller tout de blanc, la poudrer, la couronner de roses et la mener à l'hôtel de ville. Elle ne savait pas elle-même ce que cela signifiait : mais les notables plébéiens du quartier, tout fraîchement revenus de la Bastille et de Versailles, lui dirent : Petite citoyenne, tu es la plus jolie fille du district, on va te faire brave, voilà le citoyen Collot-d'Herbois, acteur du Théâtre-Français, qui va t'apprendre un compliment en vers avec les gestes ; voici une couronne de fleurs ; nous te conduirons à l'hôtel de ville, tu présenteras ces fleurs et diras ce compliment aux citoyens Bailly et la Fayette, et tu auras bien mérité de la patrie. »

Victoire s'en fut gaiement remplir son rôle au milieu d'un chœur d'autres jolies filles, moins gracieuses qu'elle apparemment, car elles n'avaient rien à dire ni à présenter aux héros du jour ; elles n'étaient là que pour le coup d'œil.

La mère Cloquart (la bonne maman de Victoire) suivit sa petite-fille avec Lucie, la sœur cadette, et toutes deux bien joyeuses et bien fières, se faufilant dans une foule immense, réussirent à entrer à l'hôtel de ville et à voir avec quelle grâce la perle du district débitait son compliment et présentait sa couronne. M. de la Fayette en fut tout ému, et prenant la couronne, il la plaça galamment et paternellement sur la tête de Victoire en lui disant : « Aimable enfant, ces fleurs conviennent à votre visage plus qu'au mien. » On applaudit, on prit place à un banquet offert à la Fayette et à Bailly. Des danses se formèrent autour des tables, les belles jeunes filles des districts y furent entraînées ; la foule devint si compacte et si bruyante, que la bonne mère Cloquart et la petite Lucie, perdant de vue la triomphante Victoire, n'espérant plus la rejoindre et craignant d'être étouffées, sortirent sur la place pour l'attendre; mais la foule les en chassa. Les cris d'enthousiasme leur firent peur. Maman Cloquart n'était pas brave : elle crut que Paris allait s'écrouler sur elle, et elle se sauva avec Lucie, pleurant, et criant que Victoire serait étouffée ou massacrée dans cette gigantesque farandole.

Ce ne fut que vers le soir que Victoire revint les trouver dans leur pauvre petite demeure, escortée d'une bande de patriotes des deux sexes, qui l'avaient si bien protégée et respectée, que sa robe blanche n'était pas seulement chiffonnée.

A quel événement politique se rattache cette fête donnée à l'hôtel de ville? Je n'en sais rien. Ni ma mère ni ma tante n'ont jamais pu me le dire; probablement qu'en y jouant un rôle elles n'en savaient rien non plus. Autant que je puis le présumer, ce fut lorsque la Fayette vint annoncer à la commune que le roi était décidé à revenir dans sa bonne ville de Paris.

Probablement à cette époque les petites citoyennes Delaborde trouvèrent la révolution charmante. Mais plus tard elles virent passer une belle tête ornée de longs cheveux blonds au bout d'une pique, c'était celle de la malheureuse princesse de Lamballe. Ce spectacle leur fit une impression épouvantable, et elles ne jugèrent plus la révolution qu'à travers cette horrible apparition.

Elles étaient alors si pauvres, que Lucie travaillait à l'aiguille, et que Victoire était comparse dans un petit théâtre. Ma tante a nié depuis ce dernier fait, et, comme elle était la franchise même, elle l'a nié certainement de bonne foi. Il est possible qu'elle l'ait ignoré; car, dans cet orage où elles étaient emportées comme deux pauvres petites feuilles qui tournoient sans savoir où elles sont, dans cette confusion de malheurs, d'épouvantes et d'émotions incomprises, si violentes parfois, qu'elles avaient, à de certaines époques, tout à fait détruit le sens de la mémoire chez ma mère, il est possible que les deux sœurs se soient perdues de vue pendant un certain temps. Il est possible qu'ensuite Victoire, craignant les reproches de la grand'mère, qui était dévote, et l'effroi de Lucie, qui était prudente et laborieuse, n'ait pas osé avouer à quelles extrémités la misère ou l'imprévoyance de son âge l'avaient réduite. Mais le fait est certain, parce que Victoire ma mère me l'a dit, et dans des circonstances que je n'oublierai jamais : je raconterai cela en son lieu, mais je dois prier le lecteur de ne rien préjuger avant ma conclusion.

Je ne sais en quel endroit il arriva à ma mère, sous la terreur, de chanter une chanson séditieuse contre la république. Le lendemain on vint faire une perquisition chez elle. On y trouva cette chanson manuscrite, qui lui avait été donnée par un certain abbé Borel. La chanson était séditieuse en effet ; mais elle n'en avait chanté qu'un seul couplet qui l'était fort peu. Elle fut arrêtée sur-le-champ avec sa sœur Lucie (Dieu sait pourquoi!) et incarcérée d'abord à la prison de la Bourbe, et puis dans une autre, et puis transférée enfin aux Anglaises, où elle était probablement à la même époque que ma grand'mère.

Ainsi deux pauvres petites filles du peuple étaient là, ni plus ni moins que les dames les plus qualifiées de la cour et de la ville. Mademoiselle Contat y était aussi, et la supérieure des religieuses anglaises, madame Canning, s'était intimement liée avec elle. Cette célèbre actrice avait des accès de piété tendre et exaltée. Elle ne rencontrait jamais madame Canning dans les cloîtres sans se mettre à genoux devant elle et lui demander sa bénédiction. La bonne religieuse, qui était pleine d'esprit et de savoir-vivre, la consolait et la fortifiait contre les terreurs de la mort, l'emmenait dans sa cellule et la prêchait sans l'épouvanter, trouvant en elle une belle et bonne âme où rien ne la scandalisait. C'est elle-même qui a raconté cela à ma grand'mère devant moi, lorsque j'étais au couvent, et qu'au parloir elles repassaient ensemble les souvenirs de cette étrange époque.

Au milieu d'un si grand nombre de détenues, souvent renouvelées par le *départ*[1] des unes et l'ar-

[1] *Départ* signifiait là alors la guillotine.

restation des autres, si Marie-Aurore de Saxe et Victoire Delaborde ne se connurent pas ou ne se remarquèrent pas, il n'y a rien d'étonnant. Le fait est que leurs souvenirs mutuels ne datèrent point de cette époque. Mais qu'on me laisse faire ici un aperçu de roman. Je suppose que Maurice se promenât dans le cloître, tout transi et battant la semelle contre le mur en attendant l'heure d'embrasser sa mère ; je suppose aussi que Victoire errât dans le cloître et remarquât ce bel enfant ; elle qui avait déjà dix-neuf ans ; elle eût dit, si on lui eût appris que c'était là le petit-fils du maréchal de Saxe : — « Il est joli garçon ; quant au maréchal de Saxe, je ne le connais pas. » — Et je suppose encore qu'on eût dit à Maurice : « Vois cette pauvre jolie fille, qui n'a jamais entendu parler de ton aïeul, et dont le père vendait des oisillons en cage, c'est ta future femme.... » Je ne sais ce qu'il eût répondu alors, mais voilà le roman engagé.

Qu'on n'y croie pas, pourtant. Il est possible qu'ils ne se soient jamais rencontrés dans ce cloître, et il n'est pourtant pas impossible qu'ils s'y soient regardés et salués en passant, ne fût-ce qu'une fois. La jeune fille n'aura pas fait grande attention à un écolier ; le jeune homme, tout préoccupé de ses chagrins personnels, l'aura peut-être vue, mais il l'aura oubliée l'instant d'après. Le fait est qu'ils ne se sont souvenus de cette rencontre ni l'un ni l'autre lorsqu'ils ont fait connaissance en Italie, dans une autre tempête, plusieurs années après.

Ici l'existence de ma mère disparaît entièrement pour moi, comme elle avait disparu pour elle-même dans ses souvenirs. Elle savait seulement qu'elle était sortie de prison comme elle y était entrée, sans comprendre comment et pourquoi. La grand'mère Cloquart n'ayant pas entendu parler de ses petites-filles depuis plus d'un an, les avait crues mortes. Elle était bien affaiblie quand elle les vit reparaître devant elle; car, au lieu de se jeter d'abord dans leurs bras, elle eut peur et les prit pour deux spectres.

Je reprendrai leur histoire où il me sera possible de la retrouver. Je retourne à celle de mon père, que, grâce à ses lettres, je perds rarement de vue.

Les rapides entrevues qui servaient de consolation à la mère et au fils furent brusquement interrompues. Le gouvernement révolutionnaire prit une mesure de rigueur contre les proches parents des détenus, en les exilant hors de l'enceinte de Paris et en leur interdisant d'y mettre les pieds jusqu'à nouvel ordre. Mon père alla s'établir à Passy avec Deschartres, et il y passa plusieurs mois.

Cette seconde séparation fut plus déchirante encore que la première. Elle était plus absolue, elle détruisait le peu d'espérances qu'on avait pu conserver. Ma grand'mère en fut navrée, mais elle réussit à cacher à son fils l'angoisse qu'elle éprouva en l'embrassant avec la pensée que c'était pour la dernière fois.

Quant à lui, il n'eut point des pressentiments aussi sombres, mais il fut accablé. Ce pauvre enfant n'avait jamais quitté sa mère, il n'avait jamais connu, jamais prévu la douleur. Il était beau comme une fleur, chaste et doux comme une jeune fille. Il avait seize ans, sa santé était encore délicate, son âme exquise. A cet âge, un garçon élevé par une tendre mère est un être à part dans la création. Il n'appartient pour ainsi dire à aucun sexe; ses pensées sont pures comme celles d'un ange; il n'a point cette puérile coquetterie, cette curiosité inquiète, cette personnalité ombrageuse qui tourmentent souvent le premier développement de la femme. Il aime sa mère comme la fille ne l'aime point et ne pourra jamais l'aimer. Noyé dans le bonheur d'être chéri sans partage et choyé avec adoration, cette mère est pour lui l'objet d'une sorte de culte. C'est de l'amour, moins les orages et les fautes où plus tard l'entraînera l'amour d'une autre femme. Oui, c'est l'amour idéal, et il n'a qu'un moment dans la vie de l'homme. La veille il ne s'en rendait pas encore compte et vivait dans l'engourdissement d'un doux instinct; le lendemain déjà ce sera un amour troublé ou distrait par d'autres passions, ou en lutte peut-être avec l'attrait dominateur de l'amante.

Un monde d'émotions nouvelles se révélera alors

à ses yeux éblouis; mais s'il est capable d'aimer ardemment et noblement cette nouvelle idole, c'est qu'il aura fait avec sa mère le saint apprentissage de l'amour vrai.

Je trouve que les poëtes et les romanciers n'ont pas assez connu ce sujet d'observation, cette source de poésie qu'offre ce moment rapide et unique dans la vie de l'homme. Il est vrai que, dans notre triste monde actuel, l'adolescent n'existe pas, ou c'est un être élevé d'une manière exceptionnelle. Celui que nous voyons tous les jours est un collégien mal peigné, assez mal appris, infecté de quelque vice grossier qui a déjà détruit dans son être la sainteté du premier idéal. Ou si, par miracle, le pauvre enfant a échappé à cette peste des écoles, il est impossible qu'il ait conservé la chasteté de l'imagination et la sainte ignorance de son âge. En outre, il nourrit une haine sournoise contre les camarades qui ont voulu l'égarer, ou contre les geôliers qui l'oppriment. Il est laid, même lorsque la nature l'a fait beau; il porte un vilain habit, il a l'air honteux et ne vous regarde point en face. Il dévore en secret de mauvais livres, et pourtant la vue d'une femme lui fait peur. Les caresses de sa mère le font rougir. On dirait qu'il s'en reconnaît indigne. Les plus belles langues du monde, les plus grands poëmes de l'humanité, ne sont pour lui qu'un sujet de lassitude, de révolte et de dégoût; nourri, brutalement et sans intelligence, des plus purs aliments, il a le goût dépravé et n'aspire qu'au mauvais. Il lui faudra des années pour perdre les fruits de cette détestable éducation, pour apprendre sa langue en oubliant le latin qu'il sait mal et le grec qu'il ne sait pas du tout, pour former son goût, pour avoir une idée juste de l'histoire, pour perdre ce cachet de laideur qu'une enfance chagrine et l'abrutissement de l'esclavage ont imprimé sur son front, pour regarder franchement et porter haut la tête. C'est alors seulement qu'il aimera sa mère; mais déjà les passions s'emparent de lui, et il n'aura jamais connu cet amour angélique dont je parlais tout à l'heure et qui est comme une pause pour l'âme de l'homme, au sein d'une oasis enchanteresse, entre l'enfance et la puberté.

Ceci n'est point une conclusion que je prends contre l'éducation universitaire. En principe, je reconnais les avantages de l'éducation en commun. En fait, telle qu'on la pratique aujourd'hui, je n'hésite pas à dire que tout vaut mieux, en fait d'éducation, même celle des enfants gâtés à domicile.

Au reste, il ne s'agit pas ici de conclure sur un fait particulier. Une éducation comme celle que reçut mon père ne saurait servir de type. Elle fut à la fois trop belle et trop défectueuse. Brisée deux fois, la première par une maladie de langueur, la seconde par les émotions de la terreur révolutionnaire, e par l'existence précaire et décousue qui en fut la suite, elle ne fut jamais complétée. Mais telle qu'elle fut, elle produisit un homme d'une candeur, d'une vaillance et d'une bonté incomparables. La vie de cet homme fut un roman de guerre et d'amour, terminé à trente ans par une catastrophe imprévue. Cette mort prématurée le laisse à l'état de jeune homme dans la pensée de ceux qui l'ont connu, et un jeune homme doué d'un sentiment héroïque, dont toute la vie se renferme dans une période héroïque de l'histoire, ne peut être une physionomie sans intérêt et sans charme. Quel beau sujet de roman pour moi que cette existence, si les principaux personnages n'eussent été mon père, ma mère et ma grand'mère! Mais, quoi qu'on fasse, quoique dans ma pensée rien ne soit plus sérieux que certains romans qu'on écrit avec amour et religion, il ne faut mettre dans un roman ni les êtres qu'on aime, ni ceux qu'on hait. J'aurai beaucoup à dire là-dessus, et j'espère répondre franchement à quelques personnes qui m'ont accusée d'avoir voulu les peindre dans mes livres. Mais ce n'est point ici le lieu, et je me borne à dire que je n'eusse pas osé faire de la vie de mon père le sujet d'une fiction; plus tard on comprendra pourquoi.

Je ne pense pas d'ailleurs que cette existence eût été plus intéressante avec les ornements de la forme littéraire. Racontée telle qu'elle est, elle signifie davantage et résume, par quelques faits très-simples, l'histoire morale de la société qui en fut le milieu.

Tout ce préambule n'est à autre fin que d'expliquer pourquoi je vais rapporter une série de lettres qui, sans avoir grande apparence de couleur historique, en ont cependant une réelle. Tout concourt à l'histoire, *tout est l'histoire*, même les romans qui semblent ne se rattacher en rien aux situations politiques qui les voient éclore. Il est donc certain que les détails réels de toute existence humaine sont des traits de pinceau dans le tableau général de la vie collective. Lequel de nous, trouvant un fragment d'écriture du temps passé, fût-ce un acte de sèche procédure, fût-ce une lettre insignifiante, ne l'a examiné, retourné, commenté, pour en tirer quelque lumière sur les mœurs et coutumes de nos aïeux! Chaque siècle, chaque moment à sa manière, son expression, son sentiment, son goût, sa préoccupation. L'histoire de la législation se fait avec de vieux titres, l'histoire des mœurs avec de vieilles lettres.

Mon fils s'est amusé à écrire, pour ne pas le publier, bien entendu, un roman burlesque avec commentaires *scientifiques*, plus burlesques encore. Au milieu d'une lettre de haute intrigue, un de ses personnages écrit à un autre : « O ciel ! envoie-moi vingt-sept aunes de velours vert. » Ce velours vert nous a fait rire au coin du feu, et l'auteur assure qu'il y a un mystère bien profond dans cette apostrophe. Nous ne demandons pas mieux; mais j'en tire un exemple : que cette lettre fût une véritable lettre datée du règne de Louis XIV seulement, et qu'elle nous tombât sous la main : tout de suite nous voilà sérieusement intrigués par ce velours. Et que faisait-on dans ce temps-là de vingt-sept aunes de velours vert? Un habillement, un meuble, une portière? Était-ce un objet de grand luxe ou d'un usage commun? Quel en était le prix? Où le fabriquait-on? Quelles classes de la société le consommaient plus particulièrement? On regretterait de n'avoir pas ce détail; car si on l'avait, on se reporterait par la pensée à tout un état de choses, à la situation du commerce, au sort des ouvriers, au luxe des mœurs, aux différences du bien-être : voilà donc qu'on établit une échelle qui touche à toute base et à tout sommet du problème économique; que l'on compare le passé au présent, et que l'on arrive à des conclusions qui intéressent le problème social.

L'histoire se sert donc de tout, d'une note de marchand, d'un livre de cuisine, d'un mémoire de blanchisseuse. Et voilà comment vingt-sept aunes de velours vert peuvent intéresser l'histoire de l'humanité. Ceci peut servir de note à l'estimable ouvrage dont j'ai tiré cet exemple[1].

[1] L'*Inconnu, roman inconnu* de Maurice Sand.

Je vais donc citer textuellement une série de lettres écrites par mon père âgé de seize ans, à sa mère, détenue aux Anglaises sous la terreur, et j'avertis le lecteur qu'il n'y a rien de varié et rien de dramatique dans la situation personnelle que ces lettres constatent. Elles ne constatent au contraire, que la morne situation de deux âmes déchirées de douleur. Mais elles sont datées de 94, c'est là leur valeur historique. Et, quant à leur valeur morale, on en jugera après les avoir lues. C'est un monument d'innocence, d'amour filial, et de cet état angélique de l'âme qui caractérise le véritable adolescent.

LETTRES DE 1794

LETTRE PREMIÈRE

(Sans date.)

Exilé! exilé à quinze ans, et pour quel crime? Ah! si j'avais pu prévoir qu'on prendrait cette mesure contre les parents des détenus, je me serais fait mettre en prison avec toi. Être séparé de toi, ne plus te voir! oh! oui, c'est bien l'exil! Ma bonne mère, prends courage si tu peux; pour moi, je n'en peux plus; j'ai tant pleuré que je ne vois plus clair. J'étais comme abasourdi en sortant de Paris, je ne savais pas où j'allais, et, sans le citoyen Deschartres, qui me traînait par le bras, je me serais couché par terre en sortant de la porte Maillot. Je n'ose pas t'en écrire davantage, j'ai peur que ma lettre ne passe pas. Qu'avons nous fait pour être si malheureux? Il faudrait que j'eusse commis un grand crime pour mériter de ne plus te voir, et je n'ai rien fait, mon Dieu! Ma mère, ma mère, rendez-moi bientôt ma mère!

Ici il y a une lacune. Ces premières lettres étaient sans doute les plus déchirantes, les plus passionnées. Peut-être contenaient-elles quelques plaintes contre le gouvernement révolutionnaire, et, dans la crainte des conséquences, ma grand'mère les aura brûlées aussitôt après les avoir lues.

LETTRE II

Passy, le 8 floréal an II de la république (avril 1794).

Nous nous serons certainement rencontrés en regardant le Panthéon, car je suis resté très-longtemps sur la hauteur. Mon Dieu, ma bonne mère, quelle triste ressource! Si j'étais deux cents toises plus haut avec un télescope, je découvrirais les Anglaises.

Ce soir, après notre *entrevue* (à une lieue de distance!), j'ai été me promener au bois de Boulogne, et j'y ai eu le divertissement d'un orage. Je n'ai pas perdu une goutte d'eau ni un grain de grêle. Il ne faut pas que cela t'inquiète, je ne m'en porte que mieux. Je suis arrivé, au milieu des vents fougueux et des noirs torrents, à la municipalité, dont les membres sont très-polis. Et comme quelqu'un disait qu'il croyait qu'on nous renverrait plus loin, il y eut un des municipaux qui nous assura le contraire, en nous faisant des politesses et en nous disant qu'ils en seraient très-fâchés. J'aimerais mieux être renvoyé à Paris couvert de sottises que complimenté de la sorte.

Bonsoir, ma bonne et tendre mère, je t'embrasse de tout mon cœur. Il y a déjà six jours que je n'ai eu ce bonheur-là; que c'est long et déchirant!

LETTRE III

(Après une seconde lacune.)

Passy, 19 floréal an II (mai 1794).

Si mon exil est un chagrin bien grand pour moi, ma bonne mère, puisqu'il me prive de te voir, peut-être aussi pourra-t-il m'être d'une grande utilité en me laissant un vide énorme que je suis forcé de remplir par le travail. A Paris, j'étais distrait toute la journée. Il fallait courir, faire des visites, et tout mon temps se trouvait gaspillé. Maintenant, isolé, ne connaissant personne autour de moi, je n'ai d'autre ressource que l'étude pour ne pas périr d'ennui dans mes longues et solitaires journées. Je travaille depuis mon réveil jusqu'à trois heures, et comme je suis seul et sans bruit, je m'y donne tout entier et plus sérieusement que je n'ai jamais fait. Le citoyen Deschartres arrive, me donne une lettre de toi, que je lis en même temps que tu lis la mienne. L'après-midi nous sortons, nous nous promenons au bois de Boulogne, nous lisons, et, de cette manière, la journée se trouve remplie. J'ai été ce soir à la municipalité pour avoir un certificat de vie, et l'on m'a fait des difficultés pour me l'accorder, parce que mon extrait de baptême n'était pas légalisé. Cependant je l'aurai demain, et je serai vivant plus que jamais.

Bonsoir, ma bonne mère, le citoyen Deschartres est fatigué, nous sommes rentrés tard de la municipalité, et il veut se coucher. Pardonne à la brièveté de ma lettre à cause de sa lassitude. Je t'embrasse bien tendrement.

LETTRE IV

Passy, 20 floréal.

Je t'écris, ma bonne mère, du coin de mon feu. Je ne sais ce que j'ai fait aux sieurs Eole, Borée et compagnie, mais ils ne cessent de me pourchasser ici. Je crois que ce matin, à notre *rendez-vous* sur la terrasse[1], si j'eusse été un peu plus diaphane, ils m'auraient emporté jusqu'à Paris, et je leur en aurais su bon gré, je t'assure. Si jamais il m'était permis d'aller te voir, les trente-deux vents ne seraient que trente-deux tortues auprès de moi. Oh! qu'il y a déjà longtemps, ma bonne mère, que je ne t'ai embrassée! Le travail peut bien faire oublier l'ennui et la solitude; mais rien au monde n'est capable de me consoler de la privation de te voir. C'est un ver rongeur qui empoisonne toute espèce de satisfaction, même la vue de ces bois charmants, de ces longues allées d'un vert tendre, éclairées par le soleil, ou de ces bois plus sombres, dont les troncs sont garnis de mousse et les pieds d'une fraîche pelouse. Je m'y promène, j'y sens un premier mouvement de plaisir, mais aussitôt je rencontre une allée dans laquelle je me suis promené avec toi, et me voilà redevenu aussi triste qu'auparavant. Comme je n'ai pas besoin de souvenirs pour penser à toi, même lorsque je jouis de quelque beau spectacle de la nature, j'en jouis tristement.

Mon mal de tête n'a pas eu de suite. L'air de la campagne est on ne peut pas plus sain, et je n'ai

---

[1] Ils étaient convenus, comme on l'a vu dans une lettre précédente, de regarder le dôme du Panthéon à la même heure. Ils appelaient cela *leur rendez-vous*.

plus entendu parler de mes migraines depuis que je suis ici; je suis très-las. Je vais peut-être encore rêver, comme la nuit dernière, que je suis avec toi. Cela était bien doux; mais le réveil vient et le bonheur cesse.

Adieu, ma chère et tendre mère, je t'embrasse de toute mon âme.

MAURICE.

LETTRE V

Passy, 23 floréal an II.

. . . .
Le tendre intérêt que tu prends à tout ce que je fais te fait-il deviner l'emploi de ma matinée? J'ai relu les fables de la Fontaine après avoir parlé de lui avec mon ami de la montagne [1], qui m'en a raconté mille distractions comiques et charmantes. Si on l'avait jugé par ses actions, on l'aurait pris pour un insensé. Ses fables, sur lesquelles je passais rapidement autrefois, sont vraiment remplies de beautés

---

[1] C'était M. Heckel, auteur d'un ouvrage philosophique sur la diplomatie et le droit des gens. Il fréquentait la maison de ma grand'mère, et avait pris le jeune Maurice en grande amitié.

dont je ne m'étais pas douté. Quelle simplicité belle et rare !

Martin arrive dans l'instant et m'apporte du chocolat de ta part. Que tu es donc bonne de penser à cela ! Je suis bien fâché que tu t'en prives pour moi ; je m'en serais si bien passé ! Je voudrais l'avoir eu pour te le donner. Je souffre bien d'être loin de toi. Encore si je te savais heureuse !

. . . .

J'ai bien besoin de recevoir de tes nouvelles. Il me semble que je suis éloigné de toi de quarante lieues de plus, depuis que je n'ai plus une lettre de toi tous les jours. J'ai su que tu te portais bien ; mais c'est bien différent de le tenir de toi. Je connais bien les causes qui t'empêchent de m'écrire, et cela n'empêche pas que je sois inquiet sans savoir pourquoi. Enfin, il me faut une lettre pour me tranquilliser. Je l'attends comme le voyageur altéré attend une source après une longue route dans les sables brûlants. Sans doute l'écriture, c'est-à-dire l'art de donner du corps et de la couleur aux pensées, fut inventée par des êtres séparés, comme nous, par des obstacles insurmontables. Qu'une lettre est consolante dans une longue et pénible absence ! Qu'il est doux de pouvoir se parler, se répondre, converser ensemble ! Il faut avoir goûté comme moi cette consolation et l'avoir perdue pour en sentir le prix. J'espère que lorsque tu recevras cette lettre, ma bonne mère, nous pourrons communiquer ensemble par écrit. Voilà quatre grands jours que cela dure, et tout ce temps j'ai été tout désorienté. Avant, lorsque le citoyen Deschartres était porteur d'une lettre, il n'arrivait jamais assez tôt au gré de mon impatience; je comptais les minutes. Maintenant je ne regarde plus l'heure, il arrive quand il veut, cela m'est presque indifférent. Mais j'espère que bientôt je reprendrai mon impatience et que je me remettrai à compter les minutes. Mande-moi bien, je t'en prie, ce qui s'est passé chez toi, je suis d'une impatience incroyable de l'apprendre. On dit qu'aussitôt que les administrateurs de police auront fini, les commissions populaires entreront en activité. J'ai grand besoin que cela se décide, car le temps que je passe est bien long et bien triste. L'été dernier était encore si heureux pour nous, que je ne me rappelle pas sans la plus vive émotion le souvenir du temps où nous vivions tous ensemble; nous avions des habitudes si douces! Si ces souvenirs sont mêlés de quelque plaisir, je t'assure qu'ils le sont bien d'amertume! Enfin, ma bonne mère, si nous retrouvons ce temps heureux, nous pourrons chanter notre duo :

> Et tous les jours nous bénissons
> L'instant heureux qui nous rassemble.

Adieu, ma bonne mère, je t'embrasse de toute

mon âme, de tout mon cœur, de toutes mes forces, de tout mon amour pour toi.

MAURICE.

LETTRE VI

24 floréal.

J'avais bien besoin, ma bonne mère, de recevoir une lettre de toi. Ce bonheur m'a paru encore bien plus grand par la privation que j'en avais éprouvée. J'espère que ce sera la seule atteinte que notre correspondance essuiera, ou plutôt j'espère qu'elle finira bientôt, et que je pourrai te dire de vive voix tout ce que je sens pour toi. Voilà comment on n'est jamais content! Lorsque j'étais privé de t'écrire, je n'aspirais qu'après le moment où cette liberté me serait rendue; maintenant j'en jouis, et cela ne fait qu'augmenter le désir que j'ai d'être réuni à toi.

On dit qu'on n'a pris toutes ces mesures que pour ensuite mettre les commissions en activité. J'ignore comment tout cela s'arrangera; mais la justice ne peut manquer de régner dans les arrêts rendus par des magistrats intègres.

J'ai vu ce matin le citoyen Beaumont[1], ainsi que mon ami de la montagne. Nous nous sommes long-

---

[1] L'abbé de Beaumont, son oncle, fils du duc de Bouillon et de mademoiselle Verrières.

temps promenés, et je n'ai pas besoin de te dire de qui nous parlions. Si les oreilles ne t'ont pas tinté tout ce temps-là, c'est que le proverbe est menteur.

Je reconduis ceux qui viennent me voir jusqu'à la barrière, et je t'assure que je trouve bien étrange de ne pouvoir plus y rentrer comme autrefois, surtout à celle de la Révolution; c'était par là que j'allais au bois de Boulogne avec toi ou à cheval. J'ai bien de la peine, quand je passe par les mêmes endroits et quand j'arrive à cette barrière, à ne pas me mettre à courir vers le lieu où tu demeures pour t'embrasser... Mais je suis retenu par quelques petites considérations : j'aperçois de là la guillotine, et, avec une lunette, je lirais le journal sur une des tables du café de la Terrasse des Feuillants... Oh! si le ciel exauce ma prière, je t'assure que nous serons bientôt réunis pour ne plus jamais nous quitter. Oh! ce sera pour moi le comble du bonheur!

Adieu, ma bonne mère, je te serre contre mon cœur.

MAURICE.

LETTRE VII

(Sans date.)

Tu dates toujours tes lettres de six heures du matin. Cette heure me choque, ma bonne mère; tu te couches tard, donc, tu ne dors pas assez. Je crains que cela ne prenne sur ta santé. . . . .

Ce soir, comme nous lisions en marchant, sur la route de Versailles, nous avons entendu une voix nous appeler; c'était Feuillet, du comité révolutionnaire. Il nous a fait beaucoup d'amitiés et nous a demandé de tes nouvelles. Comme il était en voiture, nous n'avons pu lui parler longtemps.

On dit que si les commissions ne sont pas mises en activité dans un mois, ce sera le comité de sûreté générale qui décidera du sort des détenus, d'après les tableaux des sections. Chacun dit sa nouvelle, vraie ou fausse. . . . .

Je fais bien aussi en me couchant des réflexions sur notre sort, ma bonne mère, mais je ne raisonne pas de même que toi. Tu dis que plus tu avances, plus ton espoir s'éloigne. Il est constant que toute souffrance a un terme; donc, plus nous avançons, plus nous approchons de ce terme désiré. Si nous regrettons les jours heureux, nous devons nous réjouir des jours malheureux qui se sont passés et les regarder comme des médecines avalées..... Ah! que le médecin qui t'enverrait à Passy ferait deux belles cures! qu'il guérirait bien les blessures profondes qui nous sont faites depuis six mois!... J'ai été ce soir me promener le long de la rivière en avançant vers Meudon, c'est délicieux. Des coteaux couverts d'arbres et de charmantes maisons de campagne bornent l'horizon. De quelque côté que vous regardiez, votre œil est charmé; d'un côté Paris, qui vous présente ses édifices les plus majestueux, de l'autre, les campagnes les plus riantes. Que je te regrette dans mes promenades! Ces jouissances sont bien imparfaites goûtées loin de toi.

Je suis revenu par Auteuil. J'ai demandé où était la maison de Boileau. Tout le monde la connaît. Elle passe pour la plus ancienne. Cette maison est habitée aujourd'hui par un extravagant qui ne l'a pas respectée. Il l'a fait reblanchir, lui a donné une forme toute neuve et n'a pas manqué de détruire ces buis, ces ifs tondus, palissés par *Antoine*. Il a fait un jardin anglais de ces allées sous lesquelles Boileau composait, sous lesquelles se rassemblaient les génies de la France, d'Aguesseau, Lamoignon, Racine, Molière, la Fontaine! J'ai pourtant retrouvé une seule allée de ce temps-là, qu'on a épargnée par hasard. C'est là qu'*il* méditait peut-être de préférence, c'est là qu'il qu'il faisait le procès aux vices et aux ridicules du genre humain.

Si cette maison m'eût appartenu, je l'aurais laissée avec tous ses vieux ornements, je ne l'aurais rétablie qu'en la faisant étayer. Les jardins eussent été entretenus sur les anciens dessins; mon jardinier se fût appelé Antoine. Cette demeure eût été entièrement consacrée à la mémoire du grand poëte.

En revenant, comme nous pensons toujours que

ta détention ne peut plus être de longue durée, nous avons visité des appartements qui pourraient te convenir. Il y en a un d'où l'on découvre tout Paris; mais il y a un arbre qui est comme celui de Rousseau ; il te cacherait toute la montagne Sainte-Geneviève, cette plage maudite qui te rappellerait de tristes souvenirs. Ah ! que je voudrais que tu vinsses choisir toi-même ! que je serais heureux ! J'espère que les temps deviendront meilleurs. . . . .

Je t'embrasse de toute mon âme, de toute ma tendresse.

LETTRE VIII

Passy, 27 floréal, huit heures du soir.

Je rentre dans l'instant. Antoine est venu de ta part savoir de mes nouvelles. Il m'a un peu rassuré, je craignais que la possibilité de t'écrire ne me fût encore ôtée. Toutes ces nouvelles sont bien tristes. Tantôt on ne peut te voir, tantôt on ne peut t'écrire. Quand ces tourments finiront-ils? Adieu, ma bonne mère, Antoine veut partir; il est tard, et je n'ai pas encore été signer à la municipalité.

LETTRE IX

28 floréal.

J'ai suivi ton conseil, ma bonne mère, j'ai encore été revoir cette après-midi la maison de Boileau; mais comme les portes en étaient fermées, cette fois je n'ai vu que le dehors. Je me suis bien douté que tu ne serais pas d'avis du rétablissement des ifs et des vieux buis. Tu préfères des arbres à longs ramaux balancés dans les airs, à ces charmilles, à ces arbres tondus qui ont pris la roideur du fer qui les taille. Mais mon intention n'était pas de faire du *romanesque* en les rétablissant. C'était de me transporter par la pensée au temps où vivait Boileau : de même que sur la scène on nous montre les Grecs et les Romains avec leurs habits, leurs édifices et leurs meubles. Ainsi, pour ne rien omettre, on m'eût vu me promener dans mon jardin en grande perruque et en nœuds de manche... Mais je quitte *mon* jardin d'Auteuil et reviens au présent. Les commissions, à ce qu'on dit, ne sont point nommées, quoique la convention ait décrété qu'elles seraient en activité le 15 floréal... Nous sommes au 28, et il est certain qu'elles ne sont dans aucune prison. Lorsque j'ai appris qu'il y aurait un tribunal nommé pour juger les détenus, j'ai regardé ce moment comme celui de ta délivrance, connaissant l'équité des représentants du peuple et la justice de ta cause. Nous voilà encore frustrés dans nos espérances de ce côté. Cependant il y a des gens qui disent que ce sera le comité de sûreté générale qui en décidera.

Bonsoir, ma bonne mère, je t'embrasse comme je t'embrassais à la même heure lorsque nous étions ensemble. Que je regrette ce temps! qu'il était heureux! Nous voilà dispersés comme des feuilles par le vent, et sans savoir pourquoi!

LETTRE X

29 floréal.

Il y a aujourd'hui trois semaines que je ne t'ai vue et que je suis dans ce lieu de *plaisance,* loin de toi, loin de mes foyers, de mes amis; je suis aussi fatigué de corps que d'esprit. Une longue promenade est la cause de ma fatigue physique; mais quant à la fatigue morale, ce n'est pas une bonne nuit qui me reposera. Il me faudrait être avec toi, et tout le reste ne serait rien. Tu me compares à une rose, ma bonne mère, je t'assure que depuis six mois je suis bien rembruni, et d'idées et de teint. Avec une légère nuance de plus, je pourrais le disputer à Otello. Il faut se prendre de cela au blond Phœbus. Quant aux idées, dans ma situation on ne voit plus les objets lilas et aurore..... Je ne crois pas que la grêle, la neige, le tonnerre qui tomberont à Nohant doivent nous inquiéter beaucoup, car pour les revenus de cette terre, ils ne nous appartiennent pas pour le moment. Qu'on est heureux d'être à l'hôpital! on n'y a point l'inquiétude de la conservation de ses biens! Et que cette inquiétude est peu de chose en comparaison de la privation que j'éprouve maintenant! Je dis :

> De tous les biens que vous m'avez ravis,
> Grands dieux! je ne réclame qu'elle.

C'est là mon refrain. Qu'on me rende ma mère, je ne demande plus rien.

Adieu, toujours adieu! Quand donc nous dirons-nous aussi souvent bonjour?

MAURICE.

LETTRE XI

Passy, 1er prairial an II.

Enfin, nous pouvons fonder notre espoir sur quelque chose! Si tu lis les journaux, tu sais comment les commissions jugeront. Il y aura trois classes, l'une sera renvoyée au tribunal révolutionnaire. Ceux que les commissions jugeront ne pas être détenus pour des causes assez graves seront renvoyés au comité de sûreté générale. On condamnera à l'exil ou à la détention jusqu'à la paix, mais on ne pourra mettre en liberté sur-le-champ. N'importe, une fois envoyée au comité de sûreté générale, toi, tu es libre ! Cette bonne nouvelle m'a fait passer une journée toute différente des autres. J'ai dîné chez M. de Vézelay et j'ai été ensuite chez M. de Serennes. Il y avait un jeune homme, élève de Cramoltz, qui a joué parfaitement de la harpe. Cela m'a fait grand bien, car il y a longtemps que je n'ai entendu de musique. Tu as raison, cela remonte l'esprit, et surtout pouvant m'abandonner au doux espoir de te revoir, de t'embrasser, de vivre avec toi. Je saute de joie quand j'y pense. Cela serait si doux après cette longue et cruelle absence ! Une fois que je te tiendrai, je ne m'inquiéterai plus de rien, je ne désirerai plus rien, tous mes souhaits seront accomplis.

Bonsoir, ma bonne mère, je vais m'endormir sur ces riantes idées; toutes les nuits je rêve que tu es en liberté, que nous sommes ensemble; hier, en dormant, je croyais que nous étions tous réunis. C'était dans ton ancienne maison; Victor, tous nos amis y étaient; nous avions tous été rendus à nos foyers. La joie régnait, tout cela allait bien, lorsqu'un démon fâcheux m'a réveillé. Bonsoir encore, ma bonne mère, je te serre bien tendrement dans mes bras.

LETTRE XII

Le 2 prairial.

Je t'écris, ma bonne mère, du coin de mon feu ; je suis rentré gelé, transi, morfondu. Mon ami de la montagne est venu me voir. Nous avons voulu lui faire les honneurs de nos prairies émaillées, mais la bise a glacé notre admiration. On se croirait au mois de janvier. Tu ne te figures pas comme je m'ennuie de ne pas te voir : lorsque je compare ma vie monotone et triste à celle encore plus triste que tu mènes, je me reproche l'air que je respire ; tout est empoisonné pour moi. Ce qui me faisait plaisir autrefois n'est plus qu'un sujet de regret. J'entendis l'autre jour l'ouverture d'*OEdipe à Colone*, je ne puis t'exprimer la peine que cela me fit, je l'avais entendue si souvent avec toi : encore l'été dernier ! nous jouissions alors ensemble des douceurs de la liberté. Je pouvais t'embrasser soir et matin, je vivais près de toi. Ah ! j'étais trop heureux, j'oubliais mon bonheur! Tous ces souvenirs me font sécher. J'envie le sort des enfants que je vois jouer au bord des chemins. Libres d'inquiétude, ils ne connaissent point l'exil, l'arrestation, la douleur de l'absence; ils ne tremblent pas pour ce qu'ils aiment, les noirs soucis ne hâtent pas leur réveil...

C'est chez le citoyen V... père que j'ai été dîner. Il me comble d'amitiés, ainsi que sa femme. C'est le plus galant homme possible. Quant au fils, je le crois très-vide. Il ne demeure pas à Passy avec son père, mais à Neuilly. Ce n'est pas comme cela que nous nous arrangerons, nous!

Bonsoir, ma bonne mère. Je t'embrasse mille fois aussi tendrement que je t'aime!

MAURICE.

LETTRE XIII

Le 3 prairial.

Je te vois vois toujours dans mes rêves, ma bonne mère, encore la nuit dernière! Tu ne sors jamais de ma pensée, pas même quand je dors. Si le sommeil est l'image de la mort, et si étant mort je pouvais te voir sans cesse en rêve, je m'endormirais bien vite du long sommeil pour jouir de ce bonheur.....

Je vis, au reste, le plus que je peux avec les morts, car je lis sans cesse, j'ai passé ma journée avec eux ; le mauvais temps m'a renfermé. Tu me dis de cultiver mon violon. Je ne l'ai que de ce matin. Je te promets bien que, puisque tu le désires, je m'y attacherai et que lorsque tu pourras m'entendre, tu me trouveras avancé. Nous sommes toujours au futur, je le prends en haine ! le présent de même ; je suis l'imparfait : *j'étais* et *j'ai été* me ramènent à des souvenirs cruels. *J'étais* avec toi ! Il faudra absolument changer tout cela.

La lettre et les fragments suivants ne sont pas datés, mais sont tous de prairial.

LETTRES XIV, XV et XVI

(Fragments sans date.)

Que je suis reconnaissant, ma bonne mère, de la chaîne et des cheveux que tu m'as envoyés ! qu'ils me sont précieux ! Ils ne me quitteront jamais ! En sentant ces cheveux, j'ai cru être un moment près de toi ! Je me suis ressouvenu de la toilette de Paris, du temps où j'étais heureux ! — Et j'aurai ton por-

CHAPITRE QUATRIÈME.

trait aujourd'hui! Dès aujourd'hui il sera attaché à mon cou pour ne plus me quitter. Je lui parlerai, je l'aurai sans cesse sous les yeux. Mais il ne me consolera pas de ne plus voir l'original!...

Je vais donc essayer de me rapprocher de toi, à l'aide du télescope. Tout le monde en fait autant ici. Chaque exilé est nanti d'une lunette, et c'est à qui regardera vers Paris..... Peut-être ce sera-t-il défendu!

Mon Dieu! quand nos maux seront-ils donc finis?

Adieu, ma bonne mère. Je n'ai pas d'expression assez forte pour te dire mon amour.

. . . .

Tu es pendue à mon cou, ma bonne mère. Tu reposes dedans et dessus mon cœur... Il m'est arrivé ce soir une drôle d'aventure. Nous étions près de la fenêtre, le citoyen Deschartres et moi, à jouer l'ouverture d'*OEdipe;* lorsque nous eûmes fini, nous entendîmes battre des mains derrière nous[1]. En nous retournant, nous vîmes un homme habillé dans l'ancien genre, qui nous pria de ne pas le prendre pour un espion, et de lui permettre de rester pour nous écouter. Comme il avait l'air très-honnête, après plusieurs propos nous lui offrîmes d'entrer. Il accepta avec empressement. Nous jouâmes devant lui

---

[1] Le logement était un rez-de-chaussée. L'homme était dans la rue.

quelques morceaux. Enfin il prit un violon, et nous voilà à traverser les opéras, faisant une musique admirable, car il est excellent musicien, très-bon violon, et cela m'a remis les oreilles. J'avais besoin d'entendre de bonne musique; car malgré son bon cœur et sa bonne volonté, le citoyen Deschartres ne peut pas arriver à jouer juste. Pour nous assurer de nouveau qu'il n'était pas espion, notre nouvel ami nous dit qu'il s'appelait Gavigné, auteur de la musique de plusieurs opéras-comiques aux Italiens. Il fut longtemps premier violon de l'Opéra. Il se trouva qu'il avait connu particulièrement mon papa — qu'il appelle toujours Francueil; qu'il avait fait beaucoup de musique avec lui dans le temps du *Devin* [1], etc. Et le voilà tout à fait me connaissant, sans m'avoir jamais vu. Enfin, après avoir bien joué, il nous quitta en me disant que s'il ne demeurait pas à Paris, il se ferait souvent un plaisir de me donner des conseils. Pour mon violon, il le reconnut, et se ressouvint même du numéro, qu'il me dit avant de l'avoir regardé. Ce fut la plus plaisante chose du monde!

Cela m'encouragera à travailler encore plus. J'aime la musique par passion, et quoique n'ayant pas de maître, je pourrai devenir musicien, car je me suis

---

[1] *Le Devin du village* de J. J. Rousseau. C'est mon grand-père qui avait fait les récitatifs.

CHAPITRE QUATRIÈME.

trouvé ce soir dans des seconds violons que je n'avais jamais vus, et j'allais dedans sans m'arrêter, avec l'exécution et le mouvement. Cela me ferait tant de plaisir de devenir fort! Comme je travaillerais si tu étais là pour jouir de mes progrès! Ah! je le vois bien, je ne connaissais pas mon bonheur, je ne l'appréciais pas assez. . . . .

J'ai ici *Nérina*[1] avec son petit, que j'aime beaucoup. Quand il est las à la promenade, nous le mettons dans un mouchoir. Sa tête passe par un des coins; il est comme dans une litière, ou bien il s'y met en rond et il dort. C'est ainsi qu'il est venu de Paris. Il est magnifique et caressant. Il a toutes les manières de sa mère, saute comme elle par-dessus les mains, c'est un superbe animal. Il n'a point de nom et je désirerais que tu lui en donnes un, il m'en serait plus cher. Cherche-lui-en un, je t'en prie. Tiens haut et bas conseil, la chambre des enquêtes, écoute les différents avis. « C'est du choc des opinions contraires que naît l'étincelle de la vérité. »

On ne s'attendait guère à voir... *Young* en cette affaire. Enfin, j'attends ta décision suprême.

Adieu, ma bonne mère. Je suis un archibavard... je me laisse aller... Mon Dieu, il me semblait que j'étais avec toi. Ah! ma bonne mère, je t'embrasse mille fois de toute mon âme!

Maurice.

[1] La chienne favorite de sa mère.

LETTRE XVII

... floréal.

Nous sommes en marché pour monter au quatrième; pour quatre francs de plus par mois nous aurons une vue magnifique. Notre rez-de-chaussée est d'une humidité insupportable. La chambre du citoyen Deschartres est si malsaine qu'il couche dans la mienne; il se fait un lit en mettant son matelas sur des chaises : tous les soirs il me donne la scène de M. d'Asnières.... Et puis comme nous serons extrêmement élevés, à l'aide d'une lunette que j'emprunterai à M. Vézel, je ferai mes observations sur la montagne Sainte-Geneviève. Si je pouvais découvrir les Anglaises! Du moins j'en approcherai. — Je voulais te surprendre, ma bonne mère, avant que tu m'en eusses parlé je travaillais à une vue de Meudon et des environs. Je vais me hâter d'achever. Tu auras au moins une idée des vues que je te vante tant... Quant à ma taille, elle va bien. Je suis à présent aussi grand que le citoyen Deschartres. — Ah! que j'ai besoin de te revoir! Il me semble qu'il y a déjà un an que je ne t'ai vue!

Adieu, ma bonne mère. Je t'embrasse aussi tendrement que je t'aime.

LETTRE XVIII

... floréal.

Tu crains que la chaîne ne soit pas assez longue pour faire deux tours. Tu as raison, mais je la passe deux fois autour de mon cou, de manière qu'elle se croise et ne me gêne pas. Cela me fait tant de plaisir d'avoir ton portrait! Je suis si reconnaissant de ce beau présent que je ne trouve pas de mots pour t'en remercier. Je vais tous les soirs travailler à ton dessin d'après nature. Ah! toute une vue d'après nature, c'est très-difficile! Mais j'espère réussir, je m'y donne tout entier. Ne t'en fais pourtant pas une trop haute idée d'avance; mais j'y fais de mon mieux, et tu auras du moins une idée assez correcte de la vue dont nous jouissons tous les soirs lorsque nous nous promenons le long de la rivière. En regardant ce dessin aux heures où je me promène, tu pourras dire que nous voyons les mêmes objets tous les deux à la fois. Il faut avouer que nous mettons à sec tous les moyens de nous rapprocher en imagination. Nous faisons là un triste apprentissage! Que tu as raison! Le destin n'a pas séparé des mères et des fils indifférents l'un à l'autre, et qui se seraient même quittés de plein gré, comme madame de W... et...

Et il prend à tâche d'éloigner ceux qui ne pouvaient vivre l'un sans l'autre! Nos malheurs se sont succédé depuis un an sans interruption. Il y a un proverbe bien vrai qui dit que la pluie tombe sur le mouillé... Nous entendons la foudre gronder sur nos têtes, jamais un ciel serein. Un horizon toujours obscurci de nuages bien noirs... Ah! mon Dieu! quel temps! Et des mers où personne n'a jamais passé! La Providence nous conduit à la diable. Ah! que le calme sera doux après un tel orage! Je ne peux le trouver qu'auprès de toi. Espérons qu'il viendra...

Le nom que tu veux donner au petit de Nérina! oui, oui, *Tristan!* il m'a fait penser à ce prince qui naquit dans le malheur, ce fils de saint Louis, qui vint au monde en Palestine pendant que son père était prisonnier, et qui fut nommé Tristan.

Ce pauvre petit animal est charmant. Ce soir, pendant que je dessinais, il se plaçait sous mon portefeuille. Il me gênait et le citoyen Deschartres l'appelait, mais il ne l'écoutait pas et revenait toujours à moi en me caressant. Quand je vais d'un côté, et M. Deschartres de l'autre, c'est moi qu'il suit. Il ne me quitte pas. Il est tout tacheté de brun et de blanc. Il a une tête carrée avec de longues oreilles, ce qui lui donne l'air très-respectable. Je t'assure que je l'aime beaucoup et qu'il me désennuie dans mes promenades.

M. de la Magdelaine est venu me voir ce matin

par hasard. Il ne savait pas que je fusse ici. M. Deschartres le rencontra près de notre porte, cela m'a fait le plus grand plaisir. Quand on n'a aucune société, on est ravi de rencontrer des gens que l'on connaît. Il est si fort dans le besoin qu'il nous a dit qu'il faisait des pièces pour le Vaudeville, afin d'avoir de quoi subsister. Où en serait-il, s'il était un sot? Comme il vient souvent au bois de Boulogne, il nous a promis de venir nous voir. L'exil fait connaître des jouissances qu'on n'appréciait pas! Les sages nous disent pourtant qu'il faut savoir se suffire à soi-même! Cela me paraîtrait bien facile si j'étais avec toi, mais sans toi il me faut une bien grande force d'esprit!

LETTRE XIX

Passy, 1er prairial (mai 1794).

Le citoyen Deschartres n'a pas été hier à Paris; tu as peut-être été inquiète de ne pas recevoir de mes nouvelles. Et moi, par la même raison, j'ai été privé des tiennes. Aussi ma journée a été ennuyeuse, malencontreuse, tout ce qu'il y a de pis. Je crains que tu n'aies été inquiète! Enfin j'en recevrai peut-être deux aujourd'hui; car tu auras fait comme moi, qui n'ai pas voulu me priver du plaisir de causer avec toi. J'ai toujours de magnifiques projets d'observations. Si je monte au quatrième étage, M. Vézel m'a promis de me prêter son télescope avec lequel on voit l'heure aux horloges à sept lieues de distance. Tu conçois comme je découvrirai la montagne ! Il n'y aura pas une maison qui m'échappera, et je verrai les Anglaises; conçois-tu ma joie?

LETTRE XX

3 prairial.

Tu auras été inquiète; tu m'auras cru malade. Ce même matin où tu n'as pas reçu de mes nouvelles, nous avons déjeuné avec Philidor et Lefèvre. Ils allaient arrêter à Versailles, et ils n'ont pas voulu passer ici sans nous donner le *baiser fraternel*. Nous leur avons parlé de notre projet de dire aux commissions que tu étais cultivatrice. Ils l'ont fort approuvé et nous ont dit dit qu'il fallait en parler au comité révolutionnaire assemblé. Philidor s'est chargé de la pétion, dans la crainte qu'elle ne s'égarât si on l'adressait à tout le comité. Ils ont toujours pour toi les meilleurs sentiments; si cela dépendait d'eux, tu serais bien vite mise en liberté. Ils font ton apologie à tout le monde. Ce qui les a si bien disposés en ta faveur, c'est le bien que tous les gens de la section ont dit de toi. Il n'y a pas un mois qu'ils furent encore aux informations, et c'était à qui te bénirait. Nous leur avons bien expliqué comment tu n'étais pas noble. Ils ont beaucoup ri du ricochet qui me confinait ici; de manière que, si jamais il y avait un jugement, tu serais mise indubitablement en liberté. Tu dois bien te tranquilliser de ce côté-là.

Adieu, ma bonne mère. Espérons que nos maux auront un terme; je sens les tiens bien plus que les miens. Je t'embrasse comme je t'aime.

LETTRE XXI

Le 7 prairial.

Ta description du réfectoire m'a donné une haute idée de la chère qu'on y fait. Les heures surtout ne laissent pas que d'être agréables! Mon plus grand regret est de ne pouvoir partager tes maux. Je t'assure que si j'avais su être exilé, et que tous les moyens d'agir pour toi me seraient ôtés, j'aurais sollicité ton comité révolutionnaire pour que tu fusses transférée à Saint-Lazare ou ailleurs, où j'aurais pu me faire mettre en prison avec toi. J'aurais été le plus heureux du monde, et cela aurait adouci ta longue détention; mais en liberté je croyais pouvoir t'être utile, je ne prévoyais pas qu'on m'en empêcherait! L'endroit que j'habite me paraît toujours plus triste. Il est vrai que sans toi le paradis serait aussi ennuyeux qu'une maison dite d'*arrêt*. Comme je suis très-mal logé, et surtout très-bruyamment, car je suis investi de maçons qui mettent les gens qui sortent en danger d'être assommés, je vais changer d'*appartement*, c'est de ce nom que je décore ma chambre... *Autrefois*, à mon réveil, mes habits étaient battus, mon déjeuner prêt. Mon lit était fait bien vite et ma chambre balayée. Cela me paraissait tout naturel d'être servi, je ne m'en apercevais seulement pas... Tout cela est bien changé, et pourtant ce n'est guère là ce qui m'occupe. Il est même fort bon d'apprendre à se servir soi-même; mais, en comparant, je me souviens, et en me souvenant, je me vois près de toi, pouvant t'embrasser dès le matin, tous les matins! Ah! je vois bien maintenant que j'étais beaucoup trop heureux!

Adieu, ma bonne mère. Ne te laisse pas abattre par le chagrin, je t'en supplie. Je t'embrasse et me serre longtemps contre ton cœur.

MAURICE.

LETTRE XXII

8 prairial.

Il est donc impossible de jouir d'un moment de tranquillité! Nos lettres pouvaient un peu nous consoler, et il faut que les moyens de nous écrire soient menacés sans cesse! Depuis plus de six mois que nous sommes séparés, je mène ce genre de vie; toujours espérant et toujours frustré, un peu plus tranquille pendant vingt-quatre heures, et, comme pour expier ce moment de tranquillité, agité pendant un mois! On dit qu'il faut s'armer de force. C'est un lieu commun en précepte, mais pas tant en exécution. Ces maux de reins m'affligent! Tu n'as donc pas assez des maux de l'âme, sans que ceux du corps s'acharnent après toi! J'espère que le beau temps va revenir, et que tu pourras prendre un peu d'exercice. Quant à moi, la pluie, le beau temps me sont indifférents. Je m'ennuie tout autant quand le baromètre est au beau fixe que quand il est à la tempête. Hier je suis resté toute la journée enfermé avec mes livres, qui me sont d'une grande ressource. Mande-moi si tu peux prendre des bains, et si notre correspondance pourra se continuer. Cela m'inquiète bien! mais ne te laisse pas abattre, prends bien soin de toi, conserve-toi pour moi.

Je t'embrasse comme je t'embrasserai quand nous nous reverrons. Puisse ce moment arriver bientôt!

LETTRE XXIII

Le 9 prairial.

Je maudis ce mauvais temps! Il t'empêche de prendre l'exercice qui te serait si nécessaire. Pour aujourd'hui il ne m'a laissé que le temps d'aller à la municipalité, et comme chacun avait choisi cet intervalle, il s'est trouvé au moins cent personnes ensemble pour signer. Les moins pressés restaient à la porte; et moi, malgré mon naturel patient, je me suis insinué et j'ai pénétré. Il y avait force gens autour de la table, qui tous étaient occupés à adapter des lunettes sur leur nez et à les ôter. Ce n'était pas petite affaire. Enfin mon tour est venu. — Mon voisin de la rue de Bondy est en réquisition. J'en ai reçu la nouvelle. Il doit venir me voir, et cela me fera grand plaisir, car je ne l'ai pas vu depuis le jour où j'ai quitté Paris. Ah! je me ressouviendrai de cette triste journée aussi longtemps que je vivrai. Je te dis adieu, ensuite successivement à tout ce qui m'est cher auprès de toi. J'étais anéanti en m'en allant. Les jambes me tremblaient. Chaque personne de ma connaissance que je rencontrais m'était un nouveau sujet d'affliction. J'ai été vingt fois sur le point, étant à la barrière, de retourner pour te voir encore. Je disais : J'en ai encore la possibilité, et dans quelque temps je regretterai le moment même où je suis. Si j'eusse été seul, je t'assure que je serais retourné... Mais à quoi bon rappeler de si tristes moments? Espérons plutôt des jours heureux, et que cela nous donne le courage de supporter nos maux!

Adieu, ma bonne mère; je t'embrasse mille fois.

MAURICE.

LETTRE XXIV

(Sans date.)

Enfin l'aube d'un jour plus heureux commence à luire. Les commissions sont en activité. Le citoyen Deschartres t'a mandé ce qu'il avait appris. Il m'a fait sauter au plancher en me disant qu'on avait fait sortir en un jour quatre-vingts personnes de la Force. Je ne sais pas encore les noms des personnes qu'on a mises en liberté. Il s'en informera et t'en donnera des nouvelles; c'est important à savoir.

Saint-Lambert dit : *Espérer c'est jouir*. Je ne suis pourtant pas de son avis, et je pourrais plutôt dire comme dans le sonnet ridicule du *Misanthrope* :

On désespère
Alors qu'on espère toujours.

Mais non ! la pensée de pouvoir être bientôt réuni à toi est un sentiment bien doux. Seulement il ne se se compare point à celui que j'éprouverai quand tu me seras rendue. Je t'en prie, ne te décourage pas, ne vois pas en noir. Crois qu'il est une Providence qui punit quelquefois les méchants et qui récompense les bons. La justice de ta cause me fait tout espérer, et l'espérance est maintenant, dit-on à l'ordre du jour. Pour moi, ma bonne mère, je me mets sérieusement à travailler. Je veux sortir de Passy tout autre que je n'y suis entré. Nous voilà dans des circonstances où il faut se mettre au-dessus des biens de la fortune. On est heureux de pouvoir dire comme Bias : *Omnia mecum*... C'est ce que *nous autres gens savants* nous traduisons par : *Je porte tout avec moi.* Il faut à présent sortir des vieux sentiers tout battus d'avance, et se frayer à soi-même un chemin nouveau. Je veux devenir quelque chose, faire du grand, être digne de mon grand-père. Je me sens venir cette ambition dans la solitude. Dans le monde je n'y avais jamais pensé. Boileau avait raison de dire aux gens froids :

> Sentiez-vous, dites-moi, ces violents transports
> Qui d'un esprit divin font mouvoir les ressorts?

— Je ne sais pas si je t'ai dit que Couthon était ici, chez un médecin qui lui a promis de lui rendre l'usage de ses membres. Il demeure à côté de M. de Serennes.

Bonsoir, ma bonne mère; je t'embrasse de tout mon cœur, et j'espère que bientôt ce ne sera plus par écrit, car je suis bien las de cette manière-là. Le vent l'emporte et je n'ai rien.

LETTRE XXV

Le 10 prairial.

Tu vois, ma bonne mère, que tout va assez bien jusqu'à présent. Ta cause maintenant est celle du comité révolutionnaire. Ils ont bien senti que s'ils ne démentaient pas ton écrou, ils se trouveraient en contradiction avec eux-mêmes, puisque ton écrou te chargeait injustement, et que dans toutes leurs réclamations ils disaient que tu n'avais fait que céder aux prières du citoyen Amonin. Ils ont eu une conférence avec la commission, et ils lui parleront encore. Il paraît que l'on jugera les détenus, et qu'on les mettra en liberté sans qu'ils s'en doutent. Ce sera un travail particulier. Ils ne seront point présents. Ainsi nous voilà débarrassés des solennités d'autrefois. On verra particulièrement les tableaux des sections, et on décidera d'après eux. C'est un peu comme le tribunal secret qui juge ou absout l'accusé sans l'entendre. Mais enfin rien n'est plus favorable pour toi que cette marche-là. Le tableau de ta section équivaut à un certificat de civisme, de la manière dont il est conçu. Ainsi, ma bonne mère, il nous est permis de voir lilas et couleur de rose. Quelle joie de nous retrouver, de reprendre nos anciennes occupations! Pour bien jouir du bonheur il faut en avoir été privé. Mande-moi, je te prie, si ma lettre décachetée t'est parvenue. Je vais écrire à notre bon et ancien ami de Marolles pour lui témoigner ma joie de ce qu'il a obtenu ses certificats.

Adieu, ma mère chérie; je t'en prie, partage mes espérances! Ah! qu'il me sera doux de substituer, à ceux que je te donne tous les jours sur le papier, de bons et véritables baisers!

Maurice.

LETTRE XXVI

Passy, 14 prairial an II (juin 1794.)

Je suis extrêmement fatigué; ce soir, ma bonne mère, j'ai parcouru de longs espaces. Le temps de-

CHAPITRE QUATRIÈME.

vient enfin tenable, et j'espère que tu en profites pour arpenter le jardin des Anglaises. Je le préférerais bien, je t'assure, à toutes mes belles promenades dans la campagne. Je me regarderais comme au comble du bonheur d'être enfermé avec toi. Je fais quelquefois des châteaux en Espagne. Je rêve une maison d'arrêt où nous serions avec tous nos amis. Ce serait charmant et je m'inquiéterais peu de ma liberté. J'ai un si grand besoin de te voir ! Il y a si longtemps que nous sommes séparés ! Peut-être cela ne sera-t-il pas long maintenant. Mon ami t'a mandé que l'on prenait des informations sur ton compte, et la manière satisfaisante dont tous ceux qui te connaissent s'empressaient d'y répondre. De qui ne te ferais-tu pas aimer ! Tu es comme Zaïre :

Dès que l'on te connaît on te doit adorer.

Je suis bien tourmenté de cette dent qui te fait souffrir, et qui prend de l'humeur quand tu la fais boire chaud ou froid. La mienne est d'un meilleur naturel, et ne me fait plus le moindre mal. Si cela recommençait, je la ferais arracher et remplacer, car par ce moyen on a des dents meilleures que les anciennes, et c'est un profit tout clair.

Adieu, ma bonne mère ; ne m'écris plus après ton dîner, je sais que cela te fatigue, et je crois te voir rouge, ayant mal à la tête. Tu vois, je me mêle de te gronder !

LETTRE XXVII

15 prairial.

Nous comptons assister à la fête de l'Être suprême, à distance pourtant, et voici comme : Le citoyen Vézel aura une fenêtre vis-à-vis le champ de Mars. Il y fera transporter son télescope et ses jolies petites lunettes de neuf pieds. Nous devons être de la partie. Je n'oublierai pas, je t'assure, de lorgner le Panthéon et les environs. Je verrai indubitablement l'heure à Saint-Étienne, qui est à dix pas des Anglaises. Ah ciel! si tu pouvais être sur un point élevé, je te verrais! Et si tu avais une lunette, nous nous verrions comme à nous parler!... mais je ne serais pas encore content. Je voudrais aussi te parler tout de bon, et puis après je voudrais t'embrasser, et puis ne plus te quitter. Voilà le *nec plus ultra* de mes rêves. Vivre avec toi, ne plus te quitter! c'est mon refrain éternel. Notre ami de Marolles m'a écrit une lettre charmante. Sa terre promise est aussi le Berry.

LETTRE XXVIII

Le 23 prairial.

L'exil va me faire cultiver le dessin. J'en ai fait un pour mon ami de la montagne, qui en a été content. Je vais continuer. J'ai la nature sous les yeux, et c'est le meilleur modèle. Je lis aussi, presque à livre ouvert, les quatuor de Pleyel; ce qui m'a fait hier un très-grand plaisir, car j'allais dans des choses que je n'avais jamais vues. Tu vois, ma bonne mère, que je ne laisse pas aux autres le soin de mon apologie, mais entre nous, ce n'est pas cela.

Je suis encore à déménager; c'est la troisième fois en deux mois. Pour toi, hélas! on t'épargne ce soin-là.

Couthon a demandé de nos nouvelles à la municipalité. On lui en a rendu un compte satisfaisant. Il est d'avis que non-seulement nous ne sortions pas de la commune, mais que nous n'allions pas même au bois de Boulogne. Ainsi le décret pourra bien sortir que tout exilé ne pourra s'éloigner du village où il est arrêté. Cela me serait bien égal, je t'assure! Quand on est en train d'être malheureux, un peu moins, un peu plus, ne compte pas.

Il y a ici encore une lacune. Les espérances de liberté ne s'étaient pas réalisées, et de nouvelles rigueurs, probablement des règlements pour la police intérieure des prisons, portaient sur la correspondance des détenus.

LETTRE XXIX

Passy, le 9 messidor (juin 1794.)

Enfin, ma bonne mère, je puis t'écrire plus de trois lignes. Je ne m'accommodais guère de cette brièveté. Trois lignes sont bientôt remplies, et comme je n'ai pas d'autre plaisir que celui de te parler, mon plaisir se trouvait singulièrement abrégé.

Voilà le chaud qui recommence. Comment t'en arranges-tu, toi qui le crains, dans cette petite chambre du jardin? Ah! que tu dois en être lasse! Il est bien dur d'être puni quand on est innocent et que tout le monde le sait! Socrate disait à ses amis qui s'affligeaient de le voir mourir innocent : Aimeriez-vous mieux que je mourusse coupable! Et nous, nous pouvons bien dire comme au lendemain de la bataille de Pavie : Nous avons tout perdu fors l'honneur.

Si cette chaleur continue, j'irai me rejeter à la

rivière. C'est là que je finis mes journées. Quelles longues journées! Le bois de Boulogne m'excède, j'ai par-dessus les yeux de toutes les promenades, et toi, tu ne peux pas te promener!

LETTRE XXX

Le 10 messidor (juillet 1794.)

Voilà un bien beau temps, et pourtant je suis triste à l'excès. Tout m'ennuie sans toi. Ah! que ces insipides promenades deviendraient charmantes si nous étions ensemble! Quand pourrai-je donc être réuni à toi? Je ne te quitterai plus d'un jour, plus d'une heure! Ah! je suis obsédé d'ennuis! Mon seul remède est le travail. Je reste chez moi jusqu'à sept heures du soir. Ton dessin avance. Ce sera mon morceau de réception. Je trouve cela d'une difficulté incroyable; mais tout ce qu'on fait pour toi se change en plaisir.

Adieu, ma bonne mère. Porte-toi donc bien, je t'en prie. Je t'embrasse de toute mon âme.

MAURICE.

LETTRE XXXI

Passy, 11 messidor an II (juillet 1794.)

Mon ami n'a point été aujourd'hui à Paris, ma bonne mère, ce qui fait que je n'ai point reçu de tes nouvelles et que je m'ennuie d'un degré de plus qu'à l'ordinaire. Je travaille pourtant beaucoup. Je suis dans les morts jusqu'au cou. Je vis avec ce que les siècles ont produit de plus grand. Je m'échauffe particulièrement à la lecture des grandes actions de ton père. Je vais avoir les cartes de ses batailles, je veux les étudier, me les approprier. Peut-être un jour verras-tu les cartes des miennes. Je regrette que les circonstances ne me permettent pas d'aller les étudier sur les lieux mêmes où elles se sont données. Cela vaudrait bien les foins de Nohant! Je suis ambitieux de grandes choses, et je te parle un peu, ma bonne mère, comme *M. de l'Empyrée*. C'est que j'aime le grand, le beau; on se distingue sur le sol de la liberté par ses talents et ses vertus. Notre révolution

> Venge l'humble vertu de la richesse altière,
> Et l'honnête homme à pied du faquin en litière.

Autrefois les talents étaient étouffés par les brigues et les cabales. Maintenant la carrière la plus brillante est ouverte au seul mérite. Il n'y a plus de ces titres pompeux enfantés par l'orgueil. Il en est un plus grand, celui de citoyen. Il faut tâcher de le mériter dans toute son étendue, c'est à quoi je vise et veux m'appliquer.

Adieu, ma bonne mère; je suis bien impatient de recevoir de tes nouvelles. Je t'embrasse mille fois de toute mon âme [1].

LETTRE XXXII

Le 12 messidor.

L'on m'a affirmé hier une nouvelle qui serait bien bonne, c'est que les comités révolutionnaires auront

---

[1] On pourrait croire que ces sentiments dans la bouche d'un enfant victime de la révolution sont une feinte destinée à rassurer sur les opinions de sa mère les agents chargés de surveiller la correspondance, ou à servir quelque jour de pièces justificatives dans un procès en règle. Mais il n'en est rien. Ces sentiments sont naïfs et sincères. Toute la vie de mon père en fait foi, et toutes ses lettres ultérieures en fournissent le témoignage. Au reste, il n'est pas étonnant qu'un enfant élevé dans les idées philosophiques du dix-huitième siècle conservât ces principes pendant et après la révolution. Ma grand'mère les conserva bien aussi, comme on le verra.

le droit d'accorder aux exilés des cartes pour venir passer un jour à Paris et faire leurs affaires, mais pas y coucher. Je me rapprocherais de toi, et cette idée me consolerait un peu. Mais c'est peut-être encore une histoire!

J'ai beaucoup nagé hier, et je suis un peu fatigué. Au moment où nous allions nous jeter à l'eau, il s'est élevé un grand vent et par conséquent des lames qu'il fallait couper, car sans cela on les a dans le nez, ce qui n'est point agréable, et l'on se trouve beaucoup plus sous l'eau que dessus. J'ai déployé dans cette circonstance périlleuse tout mon savoir-faire, et je m'en suis bien tiré. Ne vas pas croire pourtant que j'aie couru un grand danger; je me vante, et voilà tout. Je m'ennuie toujours bien complétement. Avec toi, tout me paraîtrait ravissant; mais, dans la position où nous nous trouvons tous deux, quel moyen de combattre la tristesse? Je t'embrasse de toute mon âme, ô ma bonne mère!

MAURICE.

LETTRE XXXIII

Le 14 messidor (juillet 1794.)

Je vais t'expliquer, ma bonne mère, pourquoi j'ai les bras rompus après avoir nagé. Ce n'est point que mes bras soient moins forts, ni que je nage trop longtemps : mais tu dois te ressouvenir que j'ai fort peu nagé l'année dernière et j'ai un peu perdu l'habitude. Je m'y remettrai bientôt. Je compte y aller cette après-midi, et je t'en donnerai demain des nouvelles. Mon ami le citoyen Deschartres s'y jette toujours aussi, et j'entreprends de lui apprendre à nager sur le dos : mais il a la tête bien dure, il ne fait pas ce que je lui dis.

Mon petit chien veut aussi nager, et il est si rond qu'il ne fait que rouler. Je serais très-fâché de le contrarier, car je l'aime beaucoup. Pour l'habituer à l'eau et lui donner confiance, je ne l'ai point fait culbuter au commencement, je le portais sur l'eau avec moi et je le remettais à terre sans le mouiller. Mais quoiqu'il n'eût point touché l'eau, il se croyait très-mouillé et courait, en se secouant, se sécher dans mes habits. A présent il vient me rejoindre à la nage et même malgré moi, car je ne le trouve pas encore assez fort pour s'exposer ainsi, et je le soutiens quand il enfonce. Mais je termine, ma bonne mère, avec mes histoires de chien.

Adieu, je t'embrasse aussi tendrement que je t'aime.

LETTRE XXXIV

Le 13 messidor.

Il y avait plusieurs jours, ma bonne mère, que je lisais l'histoire de mon grand-père, écrite par l'ancien gouverneur des Invalides, d'Espagnac; mais, n'ayant point de carte, je ne pouvais avoir qu'une idée bien confuse de ses campagnes. Il se trouve que les cartes qui viennent de paraître sont du même d'Espagnac et ont été faites en même temps que les deux volumes que j'ai, mais qu'elles n'avaient point été publiées. Ainsi j'ai un ouvrage bien complet. On connaît les batailles comme si on y était. Le moindre corps, la moindre batterie de canons s'y trouve. On est dispensé de cette pluie de balles, de boulets, de ces tourbillons de fumée qui doivent un peu incommoder l'observateur. C'est pourtant au milieu de ce tintamarre que ton père, n'étant encore que colonel, se plaçait pour examiner. Il cherchait les postes les plus périlleux pour s'instruire tranquillement. Tu conçois que, dans ma chambre, je ne puis malheureusement faire un cours aussi complet, mais j'en prends ce que je peux.

Voilà un temps bien chaud, bien beau, mais il te fatigue, et je le maudis presque. Ah! si nous étions ensemble! voilà mon éternel refrain, je serais au comble du bonheur.

Adieu, ma mère bien-aimée, je te serre dans mes bras aussi tendrement que je t'aime.

DUPIN[1].

LETTRE XXXV

Le 15 messidor.

Nérina n'est ni morte ni perdue, rassure-toi, elle est plus vivante, plus folle que jamais. Hier elle est restée à Paris, où mon ami l'emmène tous les jours, mais elle est revenue ce matin, et tous les soirs elle court avec son chien. Tu ne te fais pas d'idée de sa brutalité. Le pauvre Tristan est heurté, bousculé, et il a l'air de trouver cela fort amusant. Mais cette Nérina a si peu de jugement que cela m'inquiète pour lui. L'autre jour, nous étions sur les bords de la Seine, le long d'une pente rapide, elle ne vit pas qu'en le faisant rouler elle l'enverrait dans la rivière, et si je n'avais fait un saut plus prompt que sa roulade, et placé mon corps entre la rivière et

[1] Jusque-là il a signé Maurice. Il prend un nom de famille, il croit se sentir homme fait, parce qu'il étudie des batailles, et qu'il en rêve déjà.

lui, le pauvre petit animal aurait bu l'onde bourbeuse, car elle est fort sale de ce côté-là.

Voilà une chaleur qui me permettra de bien nager aujourd'hui. J'espère qu'au moment où j'entrerai dans l'eau il ne s'élèvera pas une tempête comme celle de l'autre jour, et que je pourrai sillonner tout à mon aise le flot tranquille. — Nous avons le camp dans notre canton. Nous irons le voir un de ces jours; on le dit superbe.

Adieu, ma bonne mère, porte-toi bien. Je t'embrasse aussi tendrement que je t'aime.

Maurice Dupin.

LETTRE XXXVI

Le 16 messidor.

Mes journées solitaires se succèdent et m'accablent. Mon ami allant tous les jours à Paris, ce qui prend presque toute la journée, je suis complétement livré à moi-même, et si je ne travaillais avec ardeur, je deviendrais fou. Je ne puis pas te dire que je m'ennuie, puisque je m'occupe, et je dis pourtant : Je m'ennuie, ce qui signifie que je suis loin de toi, que je ne te vois pas, et que je ne peux m'y habituer.

Ce n'est pourtant pas le désœuvrement qui m'attriste, car j'ai travaillé hier depuis huit heures du matin jusqu'à sept heures du soir sans interruption que le déjeuner et le dîner. Je revois à fond les batailles de ton père, et je suis revenu à celle de Malplaquet, qui est la première, pour la travailler à la savoir par cœur. Je sais le nombre des batteries, de combien de canons elles étaient composées, ce qui décida le gain de la bataille, où étaient la cavalerie, l'infanterie, le camp, le village, la ferme, le bois, la rivière, la trouée, l'abatis, etc. Je me trouve ainsi beaucoup mieux chez moi que dehors, où la réflexion me tue. Mon Dieu, si nous étions ensemble, comme je serais encouragé au travail par ta présence! Quand ce moment viendra-t-il donc?

Adieu, je t'embrasse comme je t'aime.

DUPIN.

LETTRE XXXVII

Le 17.

J'ai trouvé ta lettre d'hier bien courte, ma bonne mère, peut-être aura-t-on trouvé la mienne trop longue. Est-ce encore une jouissance dont il faudra nous priver? Plus nous avançons, plus le terme de nos maux semble s'éloigner, plus le malheur augmente. Ah! qu'il est dur, quand on est innocent, d'être traité comme des coupables!

Si on pouvait exterminer tous les Autrichiens, les Anglais, les Espagnols, et toutes les autres races qui nous font la guerre, nous aurions la paix et par conséquent la liberté. On commence déjà à les mener de la bonne manière. Et qu'est-ce que je fais ici? à quoi sert que je sois exilé? La guerre que j'étudie dans cette petite chambre n'avance pas nos affaires. Espérons pourtant!

Je t'embrasse de toutes mes forces.

DUPIN.

LETTRE XXXVIII

Le 18 messidor.

Nérina suivra aujourd'hui mon ami et tu l'auras demain. Mais je te conseille de bien prendre garde à elle, car elle ne tient pas en place. Il y avait deux jours que mon ami l'avait laissée à Paris pour l'habituer; mais elle s'est ennuyée de ne pas nous voir, et nous l'avons encore vue arriver toute seule hier matin à huit heures. La première chose qu'elle a faite, c'est d'aller chercher son chien. Après qu'elle l'eut bien caressé, elle vint nous dire bonjour.

Je vis toujours dans mon puits, et je ne me presse

pas d'en sortir, à cause de l'extrême chaleur. Mais quand le temps sera plus tiède, je prendrai mon essor vers le quatrième; je m'y plairai peut-être davantage, puisque j'aurai devant les yeux la montagne que tu habites. Ah! mon Dieu, ma bonne mère, quelle séparation! qu'elle est triste et longue! Quand je pense qu'il y a trois mois que je ne t'ai vue! Jamais pareille chose ne m'était arrivée, jamais je n'aurais cru qu'elle pût m'arriver! — Je suis le moins à moi qu'il m'est possible. J'ai travaillé encore hier depuis huit heures du matin jusqu'à sept heures du soir; je ne vais que tard à la promenade, et quand je me suis cassé la tête toute la journée sur mes livres, j'éprouve au moins quelque jouissance à prendre l'air. J'assiége en ce moment Belgrade. Dans la dernière sortie, nous fîmes grande déconfiture de spahis et de janissaires, car les Turcs avaient voulu nous bloquer dans nos lignes de circonvallation et contrevallation. Je crois que la place va se rendre.

Adieu, ma bonne mère· Je fais de l'héroïsme en imagination. Je t'embrasse mille fois de tout mon cœur.

Maurice Dupin.

LETTRE XXXIX

Le 20.

J'ai trouvé ta lettre d'hier bien courte, ma bonne mère, j'espère que celle d'aujourd'hui le sera moins. Tes lettres influent sur toute ma journée ; celle d'hier a été d'une tristesse amère. Il me manque une moitié de mon courage quand, à l'heure accoutumée, je ne vois pas arriver la quantité d'écriture sur laquelle je comptais. Si cela me manquait encore aujourd'hui, ma journée serait toute noire. Nous sommes dans un gouffre de douleurs. Ordinairement les chagrins sont envoyés en punition de quelque faute. Mais quelle est donc la nôtre? Cependant je regarde un coupable en liberté comme bien plus à plaindre qu'un innocent dans les chaînes. Une bonne conscience est un bien inestimable, je le possède, et je t'assure qu'il ne me quittera pas. Il me donnera de la force dans le malheur.... mais jamais pour notre séparation. La morale, les préceptes n'y font rien ; je ne puis me faire de raison là-dessus. . . . .
Ta lettre m'arrive, trois lignes seulement! Que se passe-t-il donc? Je suis accablé de chagrin, et je n'y vois que des augmentations tous les jours! Ah! j'oublierais tout si j'étais près de toi, si je pouvais du moins te voir! mais rien!

LETTRE XL

Le 22 messidor.

Je crains en t'écrivant que mes lettres ne t'arrivent plus. Il fait bien chaud, mais j'y suis insensible. J'ai tant de chagrin que je suis comme hébété.

Adieu, ma bonne mère, je t'embrasse aussi tendrement que je t'aime.

La lettre suivante est de ma grand'mère, c'est malheureusement la seule de cette correspondance qui soit restée. Elle doit être du 22 messidor.

« POUR MON FILS,

» On me dit à l'instant qu'on a arrêté tout Villiers hier, que cette nuit on ira à Neuilly. Hélas! Passy est bien près de là. Ne te laisse pas arrêter ; veille et ne te laisse pas prendre. On dit qu'il ne reste plus personne à Villiers, qu'on a emmené jusqu'aux enfants de neuf ans. Mon fils, sauve ta liberté si tu veux conserver ma vie. C'est un prétexte pour arrêter tous les nobles, voilà la battue que l'on projetait.

Quitte Passy, que ton ami te conserve ! Je suis dans une inquiétude affreuse. Mon Dieu, si tu allais être arrêté cette nuit ! Je frissonne, je tremble ! que mon existence est pénible !

» Adieu, adieu, ta pauvre mère te presse contre son cœur. »

La réponse est de Deschartres, qui apparemment crut ne pas devoir quitter mon père ce jour-là pour aller aux Anglaises.

« Ce 23 messidor.

» Je sais, mon amie, que vous vous abandonnez à votre désespoir. Quelles que soient les causes de votre inquiétude, nous les partageons de la manière la plus sensible. Nous gémissons comme vous sur le malheur qui nous accable. Mais faut-il bannir tout espoir de votre âme ? Ce malheur serait pour nous le plus affreux. Tâchez, mon amie, de relever votre courage. La cause de cet abattement vient, je ne puis en douter, de la crainte que vous éprouvez pour notre jeune ami. Je dois vous rassurer entièrement. On a fait dans notre commune les informations que les circonstances semblent devoir exiger sur le compte des exilés. On n'a eu aucun reproche à leur faire. Nous sommes donc parfaitement tranquilles, soyez-en sûre. Je le tiens de notre ami de la montagne[1], qui a pris des renseignements certains. D'ailleurs, je ne vous cacherai point que je désirerais obtenir une réquisition pour notre jeune ami. Si je ne réussis point, nos démarches ne seront point inutiles, puisqu'elles nous auront procuré les attestations de notre comité. Si je réussis et que mon ami soit employé sur-le-champ, je me chargerai de sa besogne, et il continuera son travail ordinaire. Nous ne nous quitterons point. Je crois inutile de vous réitérer mes engagements, rien n'est pour moi plus sacré. Je serais dédommagé amplement si je pouvais croire qu'ils sont pour vous un faible objet de consolation.

» Recueillez quelques larmes qui s'échappent de mes yeux malgré moi. C'est un tribut que le malheur arrache à l'amitié ; mais ne désespérons point,

---

[1] J'ai déjà dit que cet ami de *la montagne* était M. Heckel, homme de lettres, distingué surtout par les qualités de son cœur et la sincérité de ses opinions. Mais ce nom de guerre, *ami de la montagne*, dont se servait mon père pour le désigner, apparemment parce que M. Heckel était compromis alors, ne signifie pas du tout qu'il fût de l'opinion des *montagnards*. Loin de là, M. Heckel était un partisan fidèle du parti royaliste. J'ai plusieurs lettres de lui qui sont d'un pédant homme de bien, beau diseur et court d'idées. Il avait cependant beaucoup d'esprit et de feu dans la conversation, et mon père aima toujours non-seulement son caractère, mais sa société, bien que rien ne fût plus opposé que leur manière de voir et leur manière d'être.

mon amie, de les voir sécher un jour, quelque éloigné qu'il nous paraisse. »

Il y a encore une lacune qui se termine au 9 thermidor, ce jour d'éternelle mémoire. Le billet qui suit est d'une écriture fine et serrée, sur un petit carré de papier. Sans doute Deschartres fit un effort désespéré pour le faire passer aux Anglaises.

LETTRE XLI

Passy, 9 thermidor.

J'ai nagé hier. Il faisait le plus beau temps du monde. Aujourd'hui il pleut, le ciel est tout noir ici, comme mon âme. Loin de toi, je ne puis vivre en paix. Il n'est plus de bonheur pour moi!

MAURICE.

LETTRE XLII

10 thermidor an II (juillet 1794.)

Tu as sûrement lu le décret d'hier qui ordonne de mettre en liberté tous ceux qui ne sont pas compris dans la loi sur les gens suspects. Nous nous sommes procuré cette loi. Tu n'y es nullement comprise ; surtout ton comité révolutionnaire protestant à juste titre de ton patriotisme. Ainsi, si jamais nous devons espérer, c'est dans ce moment-ci. Oui, ma bonne mère, nous serons réunis, je n'en peux plus douter. Une grande quantité de personnes sont déjà sorties. Robert le peintre est mis en liberté. On dit que c'est David qui l'avait fait incarcérer par jalousie. Ce serait affreux ! C'est à la convention que nous devons notre salut. Sans elle, dit-on, tous les patriotes eussent été victimes de la tyrannie de Robespierre[1].

---

[1] Voici l'effet des calomnies de la réaction. De tous les terroristes, Robespierre fut le plus humain, le plus ennemi par nature et par conviction des apparentes nécessités de la terreur et du fatal système de la peine de mort. Cela est assez prouvé aujourd'hui, et on ne peut pas récuser à cet égard le témoignage de M. de Lamartine. La réaction thermidorienne est une des plus lâches que l'histoire ait produites. Cela est encore suffisamment prouvé. A quelques exceptions près, les thermidoriens n'obéirent à aucune conviction, à aucun cri de la conscience, en immolant Robespierre. La plupart d'entre eux le trouvaient trop faible et trop miséricordieux la veille de sa mort, et le lendemain ils lui attribuèrent leurs propres forfaits pour se rendre populaires. Soyons justes enfin, et ne craignons plus de le dire : Robespierre est le plus grand homme de la révolution et un des plus grands hommes de l'histoire. Ce n'est pas à dire qu'il n'ait eu des fautes, des erreurs, et par conséquent des

Il sera aujourd'hui question à notre section des patriotes détenus. Ah! il n'y a que cela qui m'intéresse! Mon ami y sera, et tu ne dois pas douter qu'aussitôt qu'on prononcera ton nom, c'est à qui se lèvera pour te réclamer. Nous n'avons plus rien à craindre. Mon Dieu! que tu m'as donc fait plaisir en m'envoyant une natte de tes cheveux! J'espère que bientôt je te verrai tout entière.

Adieu, ma bonne mère, il n'y a plus que courage à avoir. Je t'embrasse aussi tendrement que je t'aime.

D.

P. S. Je reçois ta lettre. Sois bien tranquille. Nous sommes comme des diables dans un bénitier, et nous allons faire tout ce qu'il faudra.

crimes à se reprocher; entraîné sur une pente rapide, il fut au niveau des malheureuses théories du moment, bien que supérieur à tous les hommes qui les appliquaient. Mais dans quelle carrière politique orageuse l'histoire nous montrera-t-elle un *seul* homme pur de quelque péché mortel contre l'humanité? Sera-ce Richelieu, César, Mahomet, Henri IV, le maréchal de Saxe, Pierre le Grand, Charlemagne, Frédéric le Grand, etc., etc. ? Quel grand ministre, quel grand prince, quel grand capitaine, quel grand législateur n'a commis des actes qui font frémir la nature et qui révoltent la conscience? Pourquoi donc Robespierre serait-il le bouc émissaire de tous les forfaits qu'engendre ou subit notre malheureuse race dans ses heures de lutte suprême?

LETTRE XLIII

(Sans date.)

Prends un peu patience. Le décret d'hier n'a rien qui doive t'inquiéter. On rendra justice à l'innocence opprimée. Les pièces de ton affaire sont au comité de sûreté générale. Mon ami y retourne ce matin avec la commission. Tallien a dit que si l'on voulait rétablir un gouvernement tel que celui de Robespierre, il périrait plutôt. Attends un moment, et tu seras mise en liberté.

Adieu, ma bonne mère, je ne puis t'en dire davantage, Antoine part. Je t'embrasse.

LETTRE XLIV

Le 16 thermidor.

Tranquillise-toi, ma bonne mère, ta liberté est assurée. Le comité révolutionnaire a réclamé auprès du comité de sûreté générale quatre ou cinq patriotes, et tu es du nombre. Les pièces de ton affaire sont entre les mains de la commission, et c'est cette commission qui examine les affaires et met en liberté. Si bien que d'un moment à l'autre tu peux être délivrée sans que nous le sachions. Cela peut arriver demain, aujourd'hui, ce soir! Ah! j'étouffe de joie à cette idée! Tous les maux passés ne sont rien!

Je supprime plusieurs billets remplis du détail des pas et démarches de Deschartres et des amis de la section. C'est une alternative d'espoir, de crainte, d'impatience et d'abattement.

LETTRE XLV

Passy, le 22 thermidor (août 1794).

Tu as bien raison, ma bonne mère, tous les innocents sont mis en liberté et ton tour va venir. C'est le *nec plus ultra* si tu passes la décade sur cette maudite montagne où tu languis depuis huit mois. Nous allons être réunis, il n'en faut plus douter. Je suis déjà à t'attendre à la barrière. Quel moment que celui où je te reverrai! Je suis comme un fou, je ne peux pas rester un instant en place. Mon Dieu, que nous allons être heureux!

LETTRE XLVI

Le 24.

On s'occupe de ton affaire. Encore un peu de patience, j'en ai bien besoin. Mon ami est toujours à Paris. Mon Dieu, si pour le jour de ta fête tu pouvais être libre! Je crois rêver en pensant à mon bonheur!

LETTRE XLVII

Le 28 thermidor.

Ce jour qui était autrefois si heureux pour moi, quand je pouvais te serrer dans mes bras en te souhaitant ta fête, est aujourd'hui bien triste loin de toi! Mais je ne veux plus regarder en arrière. Je t'envoie mon dessin, ma bonne mère. Je n'y ai pas donné un coup de crayon sans penser à toi. Ah! quand vas-tu venir comparer la copie avec la nature? Que j'aurai de plaisir à te conduire à mes promenades accoutumées sur les bords de la Seine! Que tout cela va redevenir beau pour moi! Allons, ta fête s'annonce sous d'heureux auspices, nous n'aurons bientôt plus de larmes à répandre. Je t'embrasse de toute mon âme.

MAURICE.

CHAPITRE CINQUIÈME

Après la Terreur. — Fin de la prison et de l'exil. — Idée malencontreuse de Deschartres. — Nohant. — Les bourgeois terroristes. — État moral des classes aisées. — Passion musicale. — Paris sous le Directoire.

Enfin, le 4 fructidor (août 1794), madame Dupin fut réunie à son fils. Le terrible drame de la révolution disparut un instant à leurs yeux. Tout entiers au bonheur de se retrouver, cette tendre mère et cet excellent enfant, oubliant tout ce qu'ils avaient souffert, tout ce qu'ils avaient perdu, tout ce qu'ils avaient vu, tout ce qui pouvait advenir encore, regardèrent ce jour comme le plus beau de leur vie.

Dans son empressement d'aller embrasser son fils à Passy, madame Dupin n'ayant pas encore de certificats qui lui permissent de passer la barrière de Paris, et craignant d'être signalée à la porte Maillot, s'habilla en paysanne et alla prendre un bateau vers le quai des Invalides pour traverser la Seine et gagner Passy à pied. C'était pour elle une course prodigieuse, car de sa vie elle ne sut marcher. Soit habitude d'inaction, soit faiblesse organique des jambes, elle n'avait jamais été au bout d'une allée de jardin sans être épuisée de fatigue : et cependant elle était bien faite, dégagée, d'une santé excellente, et d'une beauté fraîche et calme qui avait toutes les apparences de la force.

Elle marcha pourtant sans y songer et si vite que Deschartres, dont le costume répondait au sien, avait peine à la suivre. Mais au passage du bateau, une futile circonstance pensa leur attirer de nouveaux malheurs. Le bateau se trouva plein de gens du peuple qui remarquèrent la blancheur du teint et des mains de ma grand'mère. Un brave volontaire de la république en fit tout haut la remarque. « Voilà, dit-il, une petite maman de bonne mine qui n'a pas travaillé souvent. » Deschartres, ombrageux et malhabile à se contenir, lui répondit par un Qu'est-ce que cela te fait? qui fut mal accueilli. En même temps une des femmes du bateau mit la main sur un paquet bleu qui sortait de la poche de Deschartres et l'élevant en l'air : « Voilà ! dit-elle, ce sont des aristocrates qui s'enfuient ; si c'étaient des gens comme nous, ils ne brûleraient pas de la cire. » Et une autre continuant lestement l'inventaire des poches du pauvre pédagogue, y saisit un rouleau d'eau de Cologne qui attira aux deux fugitifs une grêle de quolibets inquiétants.

Ce bon Deschartres, qui, malgré sa rudesse, était

CHAPITRE CINQUIÈME.

rempli d'attentions délicates, trop délicates dans la circonstance, avait cru faire merveille en se précautionnant pour ma grand'mère, et à son insu, de ces petites recherches de la civilisation qu'elle n'aurait point trouvées alors à Passy, ou qu'elle n'eût pu s'y procurer sans donner l'éveil aux voisins.

Il maudit son inspiration en voyant qu'elle allait devenir funeste à l'objet de ses soins; mais incapable de temporiser, il se leva au milieu du bateau, grossissant sa voix, montrant les poings et menaçant de jeter dans la rivière quiconque insulterait *sa commère*. Les hommes ne firent que rire de ses bravades, mais le batelier lui dit d'un ton dogmatique : « Nous éclaircirons cette affaire-là au débarqué. » Et les femmes de crier *bravo* et de menacer avec énergie les aristocrates déguisés.

Déjà le gouvernement révolutionnaire se relâchait ouvertement du rigoureux sytème de la veille; mais le peuple n'abjurait pas encore ses droits et était tout prêt à se faire justice lui-même.

Alors ma grand'mère, par une de ces inspirations du cœur qui sont si puissantes chez les femmes, alla s'asseoir entre deux véritables commères qui l'injuriaient vivement, et leur prenant les mains : « Aristocrate ou non, leur dit-elle, je suis une mère qui n'a pas vu son fils depuis six mois, qui a cru qu'elle ne le reverrait jamais, et qui va l'embrasser au risque de la vie. Voulez-vous me perdre? Eh bien, dénoncez-moi, tuez-moi au retour si vous voulez ; mais ne m'empêchez pas de voir mon fils aujourd'hui ; je remets mon sort entre vos mains.

— Va, va, citoyenne, répondirent aussitôt ces braves femmes, nous ne te voulons point de mal. Tu as raison de te fier à nous, nous aussi nous avons des enfants et nous les aimons. »

On abordait. Le batelier et les autres hommes du bateau, qui ne pouvaient digérer l'attitude de Deschartres, voulurent faire des difficultés pour l'empêcher de passer outre, mais les femmes avaient pris ma grand'mère sous leur protection. « Nous ne voulons pas de cela, dirent-elles aux hommes, respect au sexe ! N'inquiétez pas cette citoyenne. Quant à son valet de chambre (c'est ainsi qu'elles qualifièrent le pauvre Deschartres), qu'il la suive. Il fait ses embarras, mais il n'est pas plus ci-devant que vous. »

Madame Dupin embrassa ces bonnes commères en pleurant, Deschartres prit le parti de rire de son aventure, et ils arrivèrent sans encombre à la petite maison de Passy, où Maurice, qui ne les attendait pas encore, faillit mourir de joie en embrassant sa mère. Je ne sais plus quel jour fut révoqué le décret contre les exilés, mais ce fut presque immédiatement après ; ma grand'mère se mit en règle, j'ai encore ses certificats de résidence et de civisme, ce dernier motivé principalement sur ce que ses domestiques et Antoine, son valet de pied, à leur tête, s'étaient, de l'aveu de toute la section, portés bravement à la prise de la Bastille. C'étaient là de grandes leçons pour l'orgueil des *ci-devant*.

Mais ma grand'mère, sans admettre entièrement les conséquences sociales de ses idées philosophiques, n'avait point de préjugés qui la fissent rougir de devoir sa réintégration civique à la belle conduite de son domestique. Elle partit pour Nohant au commencement de l'an III avec son fils, Deschartres, Antoine et mademoiselle Roumier, une vieille bonne qui avait élevé mon père, et qui mangeait toujours *avec les maîtres*. Nérina et Tristan ne furent point oubliés.

L'autre jour, pendant que j'écrivais dans ce recueil de souvenirs l'histoire de Nérina, mon fils Maurice retrouvait au fond d'un grenier de notre maison la plaque du collier de cette intéressante petite bête, avec cette inscription : « Je m'appelle Nérina, j'appartiens à madame Dupin, à Nohant près la Châtre. » Nous avons recueilli cet objet comme une relique. En 96, je retrouve dans les lettres de mon père la postérité de Nérina, composée de Tristan le pauvre enfant de la terreur, le compagnon d'exil, plus *Spinette* et *Belle*, ses sœurs puînées. Nérina avait fini ses jours sur les genoux de sa maîtresse. Elle a été enterrée dans notre jardin sous un rosier : *encavée*, comme disait le vieux jardinier, qui en puriste berrichon, n'eût jamais appliqué le verbe *enterrer* à autre créature qu'à *chrétien baptisé.*

Nérina mourut jeune pour avoir eu une existence trop agitée. Tristan eut une longévité extraordinaire. Par une coïncidence bizarre, son caractère tendre et mélancolique répondait à son nom, et autant sa mère avait été active et inquiète, autant il fut calme et recueilli. Ma grand'mère le préféra toujours à toute la postérité de Nérina, et on conçoit qu'après avoir traversé de grandes crises, on s'attache à tous les êtres, aux animaux même qui les ont traversées avec nous. Tristan fut donc choyé particulièrement et vécut presque tout le reste de la vie de mon père, car il existait encore dans les jours de ma première enfance, et je me souviens d'avoir joué avec lui, bien qu'il ne jouât pas volontiers et eût habituellement la figure d'un chien qui s'absorbe dans la contemplation du passé.

Je ne sais plus bien les dates de l'histoire que je raconte; mais je vois qu'au 1er brumaire de l'an III (octobre 1794) ma grand'mère recevait des administrateurs du district de la Châtre une lettre avec l'épigraphe : *Unité, indivisibilité de la République, liberté, égalité, fraternité ou la mort.* La république était moralement morte, on en conservait les formules :

CHAPITRE CINQUIÈME.

« A la citoyenne Dupin.

» Nous t'adressons copie du contrat de vente que t'a consenti Piaron, le 3 août dernier (vieux style), et le mémoire nominatif des demandes qu'il te fait, etc.

» Salut et fraternité. »

(Suivent trois signatures de gros bourgeois.)

Comme ils étaient contents, ces bons bourgeois, ces grands enfants émancipés de la veille, de tutoyer la modeste châtelaine de Nohant, et de traiter de Piaron tout court l'ex-seigneur, celui qu'ils avaient appelé naguère M. le comte de Serennes! Ma grand'mère en souriait et ne s'en trouvait point offensée. Mais elle remarquait que les paysans ne tutoyaient point ces messieurs, et elle savait gré à son menuisier de la tutoyer sans façon. Elle y voyait une préférence d'amitié dont elle jouissait avec un peu de malice.

Un jour qu'elle était avec son fils dans la maisonnette de ce menuisier, alors percepteur de sa commune, républicain hardi et intelligent, qui fut pendant toute sa vie notre ami dévoué et dont j'ai reçu le dernier soupir, deux bourgeois de la Châtre passèrent devant la porte, fort avinés, et trouvèrent brave d'insulter une femme et un enfant, de les menacer de la guillotine, et de se donner des airs de Robespierre au petit pied, eux qui mentalement, avec toute leur caste, venaient de tuer Robespierre et la révolution. Mon père, qui n'avait que seize ans, se précipita vers eux, saisit un de leurs chevaux à la bride, et les somma de descendre pour se battre avec lui. Godard, le menuisier-percepteur, vint à son aide, armé d'un grand compas dont il voulait, disait-il, mesurer ces messieurs. Les messieurs ne répondirent point à la provocation et piquèrent des deux. Ils étaient ivres, c'est ce qui les excuse. Ils sont aujourd'hui[1] ardents conservateurs et dynastiques: mais ils sont vieux, c'est ce qui les absout.

Leur colère s'expliquait, au reste, par un motif particulier. L'un d'eux, nommé par le district administrateur des revenus de Nohant pendant l'exécution de la loi sur les suspects, avait jugé à propos de se les approprier en grande partie et de présenter des comptes erronés tant à la république qu'à ma grand'mère. Celle-ci plaida et l'amena à restitution. Mais ce procès dura deux ans, et pendant tout ce temps ma grand'mère, ne touchant que les revenus de Nohant qui ne s'élevaient pas alors à quatre mille francs, et devant payer de l'argent emprunté

[1] 1847.

en 93 pour subvenir aux emprunts forcés et dons patriotiques dits volontaires, se trouva réduite à une gêne extrême. Pendant plus d'une année, on ne vécut que du revenu du jardin, qui fournissait au marché pour 12 ou 15 fr. de légumes chaque semaine. Peu à peu sa position se liquida et fut améliorée ; mais, à partir de la révolution, son revenu ne s'éleva jamais à 15,000 livres de rente.

Grâce à un ordre admirable et à une grande résignation aux habitudes modestes qu'il lui fallut prendre, elle fit face à tout, et je lui ai souvent entendu dire en riant qu'elle n'avait jamais été aussi riche que depuis qu'elle était pauvre.

Je dirai quelques mots de cette terre de Nohant où j'ai été élevée, où j'ai passé presque toute ma vie et où je souhaiterais pouvoir mourir.

Le revenu en est peu considérable, l'habitation est simple et commode. Le pays est sans beauté, bien que situé au centre de la vallée Noire, qui est un vaste et admirable site. Mais précisément cette position centrale dans la partie la plus nivelée et la moins élevée du pays, dans une large veine de terres à froment, nous prive des accidents variés et du coup d'œil étendu dont on jouit sur les hauteurs et sur les pentes. Nous avons pourtant de grands horizons bleus et quelque mouvement de terrain autour de nous, et, en comparaison de la Beauce et de la Brie, c'est une vue magnifique ; mais, en comparaison des ravissants détails que nous trouvons en descendant jusqu'au lit caché de la rivière, à un quart de lieue de notre porte, et des riantes perspectives que nous embrassons en montant sur les coteaux qui nous dominent, c'est un paysage nu et borné.

Quoi qu'il en soit, il nous plaît et nous l'aimons. Ma grand'mère l'aima aussi, et mon père y vint chercher de douces heures de repos à travers les agitations de sa vie. Ces sillons de terres brunes et grasses, ces gros noyers tout ronds, ces petits chemins ombragés, ces buissons en désordre, ce cimetière plein d'herbes, ce petit clocher couvert de tuiles, ce porche de bois brut, ces grands ormeaux délabrés, ces maisonnettes de paysan entourées de leurs jolis enclos, de leurs berceaux de vigne et de leurs vertes chenevières, tout cela devient doux à la vue et cher à la pensée quand on a vécu si longtemps dans ce milieu calme, humble et silencieux.

Le château, si château il y a (car ce n'est qu'une médiocre maison du temps de Louis XVI), touche au hameau et se pose au bord de la place champêtre sans plus de faste qu'une habitation villageoise. Les feux de la commune, au nombre de deux ou trois cents, sont fort dispersés dans la campagne; mais il s'en trouve une vingtaine qui se resserrent auprès de la maison, comme qui dirait porte à porte, et il faut vivre d'accord avec le paysan, qui est aisé, indépendant, et qui entre chez vous comme chez lui.

CHAPITRE CINQUIÈME.

Nous nous en sommes toujours bien trouvés, et, bien qu'en général les propriétaires aisés se plaignent du voisinage des ménageots, il n'y a pas tant à se plaindre des enfants, des poules et des chèvres de ces voisins-là, qu'il n'y a à se louer de leur obligeance et de leur bon caractère.

Les gens de Nohant, tous paysans, tous petits propriétaires (on me permettra bien d'en parler et d'en dire du bien, puisque, par exception, « je prétends que le paysan peut être bon voisin et bon ami »), sont d'une humeur facétieuse sous un air de gravité. Ils ont de bonnes mœurs, un reste de piété sans fanatisme, une grande décence dans leur tenue et dans leurs manières, une activité lente mais soutenue, de l'ordre, une propreté extrême, de l'esprit naturel et de la franchise. Sauf une ou deux exceptions, je n'ai jamais eu que des relations agréables avec ces honnêtes gens. Je ne leur ai pourtant jamais fait la cour, je ne les ai point avilis par ce qu'on appelle des *bienfaits*. Je leur ai rendu des services et ils se sont acquittés envers moi selon leurs moyens, de leur plein gré, et dans la mesure de leur bonté ou de leur intelligence. Partant, ils ne me doivent rien, car tel petit secours, telle bonne parole, telle légère preuve d'un dévouement vrai valent autant que tout ce que nous pouvons faire. Ils ne sont ni flatteurs ni rampants, et chaque jour je leur ai vu prendre plus de fierté bien placée, plus de hardiesse bien entendue, sans que jamais ils aient abusé de la confiance qui leur était témoignée. Ils ne sont point grossiers non plus. Ils ont plus de tact, de réserve et de politesse que je n'en ai vu régner toujours parmi ceux qu'on appelle les gens bien élevés.

Telle était l'opinion de ma grand'mère sur leur compte. Elle vécut vingt-huit ans parmi eux et n'eut jamais qu'à s'en louer. Deschartres, avec son caractère irritable et son amour-propre chatouilleux, n'eut pas avec eux la vie aussi douce, et je l'ai toujours entendu déclamer contre la ruse, la friponnerie et la stupidité du paysan. Ma grand'mère réparait ses bévues, et lui, par le zèle et l'humanité qui vivaient au fond de son cœur, il se fit pardonner ses prétentions ridicules et les emportements injustes de son tempérament.

J'aurai à revenir souvent sur le chapitre des *gens de campagne*, comme ils s'intitulent eux-mêmes; car depuis la révolution, l'épithète de paysan leur est devenue injurieuse, synonyme de butor et de mal-appris.

Ma grand'mère passa plusieurs années à Nohant, occupée à continuer avec Deschartres l'éducation de mon père, et à mettre de l'ordre dans sa situation matérielle. Quant à sa situation morale, elle est bien tracée dans une page de son écriture que je retrouve et qui se rapporte à cette époque. Je ne garantis pas que cette page soit d'elle. Elle avait l'habitude de copier des fragments ou de faire des extraits de ses lectures. Quoi qu'il en soit, les réflexions que je vais transcrire peignent très-bien l'état moral de toute une caste de la société après la terreur.

« On est fondé à contester le jugement rigoureux
» de l'Europe, qui, à la vue de toutes les horreurs
» dont la France a été le théâtre, se permet de les
» attribuer à un caractère particulier et à la perver-
» sité innée d'une si nombreuse portion d'un grand
» peuple. Dieu garde les autres nations d'être jamais
» instruites par leur expérience des fureurs dont les
» hommes de tous les pays sont susceptibles quand
» ils ne sont plus retenus par aucun lien, quand on
» a donné au rouage social une si violente secousse
» que personne ne sait plus où il est, ne voit plus
» les mêmes objets et ne peut plus se confier à ses
» anciennes opinions! Tout changera peut-être si le
» gouvernement devient meilleur, s'il se rassoit et
» s'il renonce à se jouer de la faiblesse des hommes.
» Hélas! recherchons l'espérance, puisque nos sou-
» venirs nous tuent. Courons après l'avenir, puisque
» le présent est dépourvu de consolation. Et vous
» qui devez guider le jugement de la postérité, vous
» qui souvent le fixez pour toujours, écrivains de
» l'histoire, suspendez vos récits afin de pouvoir en
» adoucir l'impression par le signalement d'une ré-
» génération et d'un repentir. N'achevez pas au
» moins votre tableau avant de pouvoir indiquer la

» première lueur de l'aurore dans le lointain de cette
» effroyable nuit. Parlez du courage des Français,
» parlez de leur vaillance, et jetez, s'il se peut, un
» voile sur les actions qui ont souillé leur gloire et
» terni l'éclat de leurs triomphes !

» Les Français ont tous la fatigue du malheur. Ils
» ont été brisés ou courbés par des événements d'une
» force surnaturelle, et, après avoir éprouvé la ri-
» gueur d'une lourde oppression, ils ne forment plus
» aucun des souhaits qui appartiennent à une situa-
» tion différente. Leurs vœux sont bornés, leurs
» désirs sont restreints, et ils seront contents s'ils
» peuvent croire à la suspension de leurs inquiétu-
» des. Une horrible tyrannie les a préparés à compter
» parmi les biens la sûreté de la vie.

» L'esprit public s'est affaibli et languira long-
» temps, effet inévitable d'une catastrophe inouïe et
» d'une persécution sans modèle. On a tellement
» vécu de ses peines qu'on a perdu l'habitude de
» s'associer à l'intérêt général. Les dangers person-
» nels, quand ils atteignent une certaine limite,
» bouleversent tous les rapports, et l'oubli de l'es-
» pérance change presque notre nature. Il faut un
» peu de bonheur pour se livrer à l'amour de la
» communauté. Il faut un peu de superflu de soi
» pour donner quelque chose de soi aux autres... »

Quel que soit l'auteur de ce fragment, il n'est pas
sans beauté, et ma grand'mère était fort capable de

l'écrire. C'était du moins l'expression de sa pensée, si tant est qu'elle n'ait pris que la peine de le copier. Il y a aussi de la vérité dans ce tableau de l'époque et une justice relative dans les plaintes de ceux qui ont souffert sans utilité apparente. Enfin il y a une sorte de grandeur à eux de reprocher au gouvernement révolutionnaire plutôt la perte de leur âme que celle de leur existence.

Mais il y a aussi une contradiction manifeste, comme il s'en trouve toujours dans les jugements de l'intérêt particulier. Il y est dit que les Français ont été grands par le courage, par la victoire, ce qui suppose un grand élan donné au patriotisme : et tout aussitôt l'auteur présente la peinture de l'abattement et de l'égoïsme qui s'emparent de ces mêmes Français devenus insensibles aux peines d'autrui pour avoir trop souffert eux-mêmes. C'est que ce ne furent pas les mêmes Français, voilà tout. Les heureux d'hier, ceux qui avaient longtemps disposé du bonheur d'autrui, durent faire un grand effort pour s'habituer à un sort précaire. Les meilleurs d'entre eux, ma grand'mère par exemple, gémirent de n'avoir plus rien à donner, et de voir des souffrances qu'ils ne pouvaient plus soulager. En leur ôtant la fonction de bienfaiteurs du pauvre, on les contristait profondément, et les bienfaits de la société renouvelée n'étaient pas sensibles encore. Ils pouvaient l'être d'autant moins que cette régénération avortait en naissant, que la bourgeoisie prenait déjà le dessus, et qu'à l'époque où ma grand'mère jugeait la société, elle assistait sans s'en rendre compte à l'agonie des droits et des espérances du peuple.

Quant aux Français des armées, ils étaient nécessairement les amis de tout ce qui était resté en France. Ils défendaient et le peuple, et la bourgeoisie, et la noblesse patriote. Héroïques martyrs de la liberté, ils avaient une mission incontestable et glorieuse dans tous les temps, à tous les points de vue, celle de garder le territoire national; sans doute le feu sacré n'était point perdu sur cette terre de France qui produisait en un clin d'œil de pareilles armées.

Par constraste avec l'éloquente lamentation que je viens de rapporter, je citerai de nouveaux fragments de la correspondance de mon père, où l'époque se montre telle qu'elle fut à la surface, au lendemain du régime austère de la convention. Ce tableau donne un démenti aux prédictions tristes du fragment. On y voit la légèreté, l'enivrement, la téméraire insouciance de la jeunesse, avide de ressaisir les amusements dont elle a été longtemps sevrée, la noblesse retournant à Paris demi-morte, demi-ruinée, mais préférant à l'austère vie des châteaux le spectacle du triomphe de la bourgeoisie; le luxe exploité par les nouveaux pouvoirs comme moyen de réaction; le peuple lui-même perdant la tête et donnant la main au retour du passé.

La France offrait d'ailleurs à ce moment-là l'étrange spectacle d'une société qui veut sortir de l'anarchie et qui ne sait encore si elle se servira du passé ou si elle comptera sur l'avenir pour retrouver les formes qui garantissent l'ordre et la sûreté individuelle. L'esprit public s'en allait. Il ne vivait plus que dans les armées. La réaction elle-même, cette réaction royaliste, aussi cruelle et aussi sanglante que les excès du jacobinisme, commençait à s'apaiser. La Vendée avait rendu le dernier soupir en Berry, à l'affaire de Palluau (mai 96). Un chef royaliste du nom de Dupin, mais qui n'était pas notre parent, que je sache, avait organisé cette dernière tentative. Mon père eût été d'âge alors à s'en mêler, si telle eût été son opinion, et la bravoure ne lui eût pas manqué pour un effort désespéré. Mais mon père n'était pas royaliste et ne le fut jamais. Quel que fût l'avenir (et, à cette époque, malgré les victoires de Bonaparte en Italie, nul ne prévoyait le retour du despotisme), cet enfant condamnait et abjurait le passé sans arrière-pensée, sans regret aucun. Sa mère et lui, purs de toute participation secrète, de toute complicité morale avec les fureurs des partis et les vengeances intéressées, se laissaient bercer par le flot encore agité des derniers frémissements populaires. Ils attendaient les événements, elle, les jugeant avec une impartialité philosophique ; lui, désirant l'indépendance de la patrie et le règne des théories incomplètes mais généreuses des écrivains du dix-huitième siècle. Bientôt il devait aller chercher à l'armée le dernier souffle de cette vie républicaine, et comme sa mère était quelquefois effrayée des aspirations qui lui échappaient, elle cherchait à l'en distraire par les douces jouissances de l'art et l'attrait de distractions permises.

Quelques mots sur la personne de mon père avant de le faire parler en 96. Depuis 1794, il avait beaucoup étudié avec Deschartres, mais il n'était pas devenu fort en fait d'études classiques. C'était une nature d'artiste, et il n'y avait que les leçons de sa mère qui lui profitassent. La musique, les langues vivantes, la déclamation, le dessin, la littérature avaient pour lui un attrait passionné. Il ne mordait ni aux mathématiques, ni au grec, et médiocrement au latin. La musique l'emporta toujours sur tout le reste. Son violon fut le compagnon de sa vie. Il avait en outre une voix magnifique et chantait admirablement. Il était tout instinct, tout cœur, tout élan, tout courage, tout confiance; aimant tout ce qui était beau et s'y jetant tout entier sans s'inquiéter du résultat plus que des causes. Beaucoup plus

CHAPITRE CINQUIÈME.

républicain d'instinct, sinon de principes, que sa mère, il personnifia admirablement la phase chevaleresque des dernières guerres de la république et des premières guerres de l'empire. Mais en 96 il n'était encore qu'artiste, et voici une lettre qui rappelle le délire musical si souvent et si bien peint par Hoffmann :

Le 24 juillet 1796.

Je suis à Argenton, ma bonne mère. J'ai laissé passer un jour de courrier sans t'écrire, l'ayant employé à dormir. Figure-toi que le jour de mon arrivée je trouvai tous les musiciens de Châteauroux chez M. de Scévole. Le prieur de Chantôme, qui est une fort bonne basse et un aimable homme, y était aussi; après souper, nous nous mîmes, au nombre de huit, dans un pavillon au bout du jardin, où nous jouâmes des symphonies de Pleyel jusqu'à trois heures du matin. L'orchestre était complet : bonne basse, bons instruments à vent, bonne musique; c'était charmant. Le lendemain on fut chez madame de Ligondais. A six heures le concert s'ouvrit par une symphonie dont je menai le premier violon à livre ouvert sans faire une faute, M. Thibault, le virtuose de l'endroit, n'étant pas encore arrivé. Il vint enfin, et je lui rendis sa place avec bien du plaisir, car cela devenait difficile et eût pu compromettre ma réputation. Je jouai ensuite un quatuor de Pleyel; je n'ai jamais si bien détaché de ma vie. A chaque passage j'étais interrompu par de bruyants applaudissements. Mon triomphe fut complet. J'étais debout devant cinquante personnes, avec une audace, une impudence! ne tremblant pas plus qu'une contre-basse. A dix heures, le concert fini, tous les musiciens soupèrent chez M. de Scévole. Au dessert, animés par d'excellent vin de Champagne, le gros prieur apporta sa basse sur la table et nous fit jurer dessus de ne nous quitter qu'au jour. Nous mettons habit bas, nous courons au pavillon. Nous avions l'air d'énergumènes! Et là nous avons fait de la musique jusqu'au grand jour. Le prieur se relayait à la basse avec un monsieur de Châteauroux, M. de Scévole à l'alto avec un de ses voisins. Moi, je n'ai pas quitté ma chaise pendant toute la nuit. Je déchiffrais comme un fou, rien ne m'arrêtait plus. J'étais un peu gris; je volais dans des nuages de notes sans en croquer une seule. Nous quittâmes à cinq heures et nous fîmes réveillon; c'était un bruit, c'étaient des rires!..... J'ai dormi jusqu'à midi et je me porte à merveille. Adieu, ma bonne mère; on m'appelle pour recommencer.

Je t'aime et je t'embrasse de toute mon âme.

MAURICE.

CHAPITRE CINQUIÈME.

A l'automne de la même année, ma grand'mère envoya son cher Maurice à Paris, soit pour le distraire d'une longue retraite, soit pour d'autres motifs plus sérieux que les lettres semblent indiquer, mais que je ne sais point. Peu importe, il s'agit de la physionomie de Paris sous le Directoire.

Avant d'y arriver, jetons un coup d'œil sur la route. Aujourd'hui nous allons de Nohant à Paris en dix heures; alors il fallait huit ou dix jours. Les diligences de Châteauroux à Orléans étaient d'affreuses pataches si mal servies, que le plus prompt était de faire le voyage à cheval à petites journées. Le chemin d'Issoudun à Vierzon étant le plus direct, mon père et Deschartres le prirent; mais ce n'étaient que ravins, précipices, rivières peu guéables, *fondrières de tout calibre,* si bien que dans une de ses lettres (car je n'en citerai que quelques-unes), Maurice prie sa mère de lui renvoyer ses chevaux par la voie la plus longue, qui est un peu plus praticable. D'Orléans à Paris, on ne trouvait de voitures que deux fois la semaine, et quelles voitures! « Du moins, » dit mon père, « on marche sur cette » route-là! *Il ne faut que dix-huit heures pour aller* » *d'Orléans à Paris!* » (Il se trompait, il en fallait vingt-quatre.)

Mais laissons-le parler :

... Me voilà enfin à Orléans, ma bonne mère, et je trouve qu'il y a déjà bien longtemps que je ne t'ai vue. Deschartres est allé courir pour nous trouver des places, et moi je reste pour causer avec toi. Je suis à peine fatigué. Entre la Ferté-Saint-Chaumont et la Ferté-Lowendal, nous avons failli retourner vers toi. La route est bordée de moulins à vent, et, du plus loin que ma jument les aperçut, elle s'enleva sur les pieds de derrière et se tourna tout droit sur le Berry. J'avais envie de la laisser faire. Deschartres s'obstinait avec sa monture, qui imitait les sottises de la mienne. Il imagina de leur bander les yeux, mais ce fut bien pis, et il fallut prendre dans la campagne. On commence pourtant ici à voir des figures humaines. J'ai rencontré en arrivant un muscadin et un cabriolet! J'espère que bientôt nous en verrons une plus grande quantité. J'admire Orléans, j'admire le pont, j'admire les maisons, j'admire les passants! je suis comme un hébété. Que sera-ce donc à Paris?

. . . .

Paris.

Nous sommes restés toute la soirée à Orléans, Deschartres n'ayant pu trouver de places à la diligence. Je t'ai mandé, ma bonne mère, que j'admirais le pont, les passants : c'était bien autre chose

j'entrai dans la rue Royale; c'était de l'extrême Reveau un peu à moi, j'allai voir le jeune
homme et nous fûmes enchantés de nous retrou
. Il m'a mena promener sur le mail, sur le port,
sur le pont, ensuite au spectacle. On donnait les
Amours de Bayard et la *Fausse Magie*. Jamais drame
n'a été joué, je crois, d'une façon plus comique. *La
Palisse* était Gascon, *Bayard* un gros pitre qui mettait son chapeau à deux mains, *Sotomajor* était
doré et frippé comme une vieille marionnette. Je me
tenais les côtes, et dans les endroits les plus tragi-
ques j'éclatais de rire, au grand scandale de mes
voisins, qui trouvaient la représentation superbe.
Enfin nous sommes arrivés ici *en vingt-quatre heures*, à bon port, moi neuvième, traînés par trois
chevaux qui allaient le trot. Ce sont des enragés de
la première espèce. Le cocher, encore plus enragé
qu'eux, trouva plaisant, en descendant la montagne d'Étampes, de les laisser courir. La voiture
les poursuivait et eût été tout aussi vite sans eux.
Nous ne roulions pas, nous étions précipités. Les
uns juraient, les autres voulaient descendre. Une
élégante en perruque blonde soutenait qu'elle allait
mourir de peur. Pour moi, je goûtais fort cette façon d'aller et je criais : « Fouette, cocher. — Mais,
monsieur, taisez-vous donc! nous allons être tués.
— Non, messieurs, nous n'en arriverons que plus
vite. C'est la vraie manière de voyager. »

Et la voiture de fendre l'air, et chacun de se cramponner à son voisin. Et moi d'engager la voiturée à donner pour boire au cocher en arrivant. La course impétueuse se ralentit enfin, et on s'arrêta non loin d'une auberge où chacun, en soupant, se remit de sa frayeur.

Tu te doutes de la manière joyeuse dont j'ai fait mon entrée à Paris. Sur-le-champ j'ai couru chez madame de Jasseau. Le plaisir de se revoir après si longtemps a été égal de part et d'autre. De là, j'ai été au café de la Régence pour trouver M. Heckel; j'y suis entré en courant et en chantant, mais je n'y ai vu que des gens profondément absorbés dans leur partie d'échecs, qui me regardaient de travers et semblaient dire : « Que vient faire ici ce profane? » Ne trouvant point là mon ami, d'un saut j'ai bondi hors de cet ennuyeux séjour. J'ai été au café Valois, où j'espérais encore le trouver. La première personne que j'y ai aperçue, c'est M. de Préville, qui m'apprit que M. et madame de la Roche-Dragon étaient à Paris depuis deux jours. Ne trouvant point encore là celui que nous cherchions, nous nous rendîmes chez son restaurateur... point! Mais enfin, rue des Petits-Champs, nous le rencontrons face à face. Dans la joie où nous étions, nous regagnons le Palais-Royal, nous traversons la cour des Fontaines, et toujours parlant, riant et nous embrassant, nous voilà je ne sais où. Enfin, M. Heckel, s'arrêtant le premier, demanda où nous allions. « Je n'en sais rien » fut la réponse générale. Il reprit gravement : « Nous sommes fous, il faut aller dîner. » Ce qui fut dit fut fait. Après dîner, nous fûmes voir *Abufar* et le *Dédit*. Comme j'avais passé la nuit fort éveillé en diligence, je m'endormis profondément au dernier acte. En rentrant, je trouve un billet chez le portier : « Nous sommes arrivés ce soir, et vous ce » matin. Nous allons enfin nous revoir ! nous som- » mes toujours rue d'Angoulême ; à demain. »

C'était M. de la Blottais et son fils. Quelle étonnante rencontre ! A sept heures du matin j'y étais déjà, et déjà il était sorti ; mais j'ai trouvé Amand, et je te raconterai de vive voix tout ce qu'il m'a appris. J'ai vu ensuite Amédée. Puis j'ai été déjeuner chez M. Heckel. Le soir nous avons été voir *Didon* et le ballet de *Psyché*. Je n'ai pas perdu une note ni un pas. Mon Dieu, ma bonne mère, comme j'ai pensé à toi, comme je te regrettais ! Une salle magnifique, un monde immense, un spectacle sublime ! Lainé s'est surpassé ; toujours la voix un peu tremblante, mais une noblesse ! une âme ! un jeu ! c'est un homme qui... ah !... un homme, enfin !... J'applaudissais à tout rompre. Didon était jouée par une débutante qui annonce le plus grand talent et qui chante par merveille.

Le ballet de *Psyché* est embelli à un point étonnant. La décoration du second acte est toute changée. Ce n'est plus ce vilain palais rouge, c'est un portique superbe, une perspective immense. Tout est embelli. L'Amour n'entre plus dans son palais par la porte, c'est sur un nuage qu'il arrive. Zéphyre est un jeune danseur charmant, fait au tour, qui égalera peut-être Vestris. Enfin jamais spectacle ne fut plus complétement admirable. Ce matin j'ai été chez madame de Ferrières, ensuite chez madame de Jasseau avec M. de Pernon. Nous avons mangé des huîtres et bu du vin de Champagne. Nos rires et notre joie n'étaient interrompus que par le regret de ton absence. Nous avons bu à ta santé et parlé de toi, ah!... Je reviens de chez madame de Béranger, qui a été un moment sans me reconnaître. Elle me trouve changé depuis les pieds jusqu'à la tête. J'ai passé chez madame de Vézelais, et me voilà. Je te ferai les détails verbalement; mais on t'aime bien, va, et avec quelle joie on se retrouve! c'est comme dans un rêve! Que je te remercie de m'avoir envoyé à Paris! Que je voudrais être près de toi à Nohant! Que je suis content! Que je te regrette!

Je t'embrasse mille fois de toute mon âme.

MAURICE.

CHAPITRE CINQUIÈME.

DE DESCHARTRES A MADAME DUPIN.

3 vendémiaire an V.

Enfin voilà des nouvelles! allez-vous dire. Comment attendre si longtemps sans écrire! Que font-ils? Que deviennent-ils? Vous avez raison de gronder, et de gronder bien fort. Votre fils est un étourdi, il a laissé passer l'heure du dernier courrier. — Du reste votre fils paraît très-raisonnable. Je ne doute point qu'on ne vous en fasse de grands éloges. Beaucoup de personnes ne le reconnaissent point au premier abord; tout le monde le trouve charmant. Il faut bien qu'il y ait quelque chose de vrai; mais il n'est point encore ce qu'il sera, et ce qu'*il faut qu'il soit*. Je ne vous parle point de nouvelles. Il n'en existe point d'autres que celles qui sont rapportées dans les journaux, c'est-à-dire une quatrième défaite de Jourdan[1]. Quelque désastreuses qu'elles soient, elles ne font ici aucune impression.

---

[1] Jourdan commandait alors l'armée de Sambre-et-Meuse; Moreau, l'armée de Rhin-et-Moselle. Ils combattaient sur le Rhin contre l'archiduc Charles. La quatrième défaite de Jourdan, qui termina la campagne, fut glorieuse pour nos troupes.

On ne s'en occupe point. Jamais je n'ai vu Paris si indifférent au sort de la France.

Tout est extrêmement cher ici. On ne croirait pas ce que le voyage d'Orléans à Paris nous a coûté. Il faudra que Saint-Jean nous ramène nos montures, car il n'y a plus de diligences proprement dites. Il faut prévenir un mois d'avance pour avoir des places, d'où il résulte qu'à l'heure qu'il est, et pendant que Paris est le centre de toutes aises et de tout luxe, on ne peut traverser la France qu'à pied ou à cheval.

Adieu, madame; que l'absence de votre fils ne vous cause point un ennui préjudiciable à votre santé. Prenez-en soin surtout! etc.

DE MAURICE A SA MÈRE.

2 octobre 1796.

..... J'ai été hier à un très-beau concert qui s'est donné au théâtre de Louvois. C'était Guénin et le vieux Gavigné qui conduisaient l'orchestre. Tu sais, notre vieux Gavigné, qui a si bien connu mon père et Rousseau du temps du *Devin du village,* et qui a fait si singulièrement connaissance avec moi à Passy

CHAPITRE CINQUIÈME.

du temps de mon exil. Eh bien, le public lui a fait répéter sa romance, et il s'en est si bien tiré qu'il a été, à la lettre, couvert d'applaudissements. Pour un homme de soixante-quinze ans, ce n'est pas mal ! Cela m'a fait un bien grand plaisir !

Je te donne à deviner en mille qui j'ai rencontré encore et reconnu à ce concert. Sous un habit à la mode, avec des souliers dégagés et des oreilles de chien, j'ai vu le sans-culotte S..., et je lui ai parlé. C'est un merveilleux ! Voilà de ces rencontres à mourir de rire. Il m'a beaucoup demandé de tes nouvelles. Il n'était pas si galant en l'an II !

Adieu, ma bonne mère, l'heure me presse, je vais à l'Opéra. Je te regrette à tous les instants. Tous les plaisirs que je goûte loin de toi sont imparfaits. Je t'embrasse mille fois.

Et je fais mille amitiés à ma *bête* de bonne.

. . . .

———

Le 8 vendémiaire.

Ne te fais donc pas d'inquiétudes, ma bonne mère. On ne conçoit rien à la manière dont les postes sont servies. Tantôt les lettres mettent six jours pour faire quatre-vingts lieues, tantôt quinze et tantôt plus, car M. de la Dominière n'a reçu qu'avant-hier celle que tu lui as écrite il y a un mois. C'est à n'y rien comprendre.

. . . .

J'ai été voir avant-hier *OEdipe* et le ballet de *Psyché.* J'étais absolument en face, à dix pas du théâtre, et j'étais au parterre, car à présent c'est un amphithéâtre magnifique qui part de l'orchestre et va jusqu'aux premières. On y est assis comme dans ton grand fauteuil. On y voit par merveille, on y entend encore mieux; enfin, c'est la meilleure place de la salle. Comme je pensais à toi! comme je te regrettais en écoutant l'opéra avec attention! Je ne perdais pas une seule partie de l'orchestre. Hier, j'ai été avec MM. Heckel et d'Heuzé voir l'*Intérieur des comités révolutionnaires.* On y arrange bien les jacobins!

Toutes les personnes que je vois me demandent si tu veux rester encore cet hiver en province, et quand je leur dis oui, ce sont des exclamations, des étonnements sans fin. Elles ne conçoivent rien à notre manière de voir. Pour moi, hélas! je ne la conçois que trop.

. . . .

CHAPITRE CINQUIÈME.

3 octobre.

Je t'ai quittée l'autre jour pour aller à l'Opéra. On devait donner *Corisande,* ce fut *Renaud.* Mais rien ne contrarie un provincial. J'écoutai d'un bout à l'autre avec le plus grand plaisir. J'étais à l'orchestre. M. Heckel connaît Ginguené, directeur du jury des arts, et tous les jours d'Opéra Ginguené lui fait présent de deux billets d'orchestre. C'est là où va ce qu'on appelle à présent la bonne compagnie. Vous y voyez des femmes charmantes, d'une élégance merveilleuse; mais si elles ouvrent la bouche, tout est perdu. Vous entendez : *Sacresti! que c'est bien dansé!* ou bien : *Il fait un chaud du diable!* Vous sortez, des voitures brillantes et bruyantes reçoivent tout ce beau monde, et les braves gens s'en retournent à pied, et se vengent par des sarcasmes des éclaboussures qu'ils reçoivent. On crie : *Place à M. le fournisseur des prisons!* — *Place à M. le brise-scellés!*

Mais ils vont toujours et s'en moquent. Quoique tout soit renversé, on peut encore dire comme autrefois : *L'honnête homme à pied,* et *le faquin en litière.* Ce sont d'autres faquins, voilà tout.

Adieu, ma bonne mère. J'irai encore ce soir à l'Opéra. Ce matin, M. Heckel me fait dîner avec M. le duc. Je t'embrasse comme je t'aime.

5 octobre.

. . . .

J'ai déjeuné avec M. le duc, qui m'a comblé de prévenances et d'amitiés. Je vais demain avec mon ami et le sien dîner à la campagne. Cette connaissance ne peut que m'être avantageuse. J'ai été le soir revoir *OEdipe :* Chéron, qui se croit attaqué de la poitrine, n'y chante plus; ce sont des mazettes qui le remplacent. Laisné me fait toujours plaisir. Hier j'ai été aux Italiens voir *Rose et Colas* et *Camille.*

. . . .

Dis à ma bonne que ma queue perd beaucoup à ne plus être faite par elle; elle lui fait toutes sortes d'amitiés.

---

8 octobre.

Que je suis donc malheureux de te causer de l'inquiétude! je t'écris pourtant tous les jours de courrier. J'ai trop de plaisir à m'entretenir avec toi pour en perdre l'occasion. Mais la poste nous joue des tours infâmes! Sois donc tranquille, ma bonne mère, je me porte à merveille, je cours comme un chat maigre. J'ai dîné avant-hier chez M. le duc; il de-

CHAPITRE CINQUIÈME.

meure chez madame Delage, qui a la plus belle maison de Suresnes : je vais aujourd'hui chez le bailli de Frelon; c'est un dîner de gens *importants*.

. . . .

Le 9.

Maudite poste ! j'espérais aujourd'hui une lettre de toi. Je suis rentré hier à trois heures, comptant là-dessus; je n'en ai pas trouvé, et j'ai été triste tout le reste de la journée. J'ai été ce matin au Salon : il y avait trois Luebach, deux Bidault, quelques Van Spandunck et beaucoup d'enseignes d'auberges. Je ne manque pas un jour d'Opéra : j'ai vu *Iphigénie en Aulide*. Laisné s'est surpassé; c'est la perfection. J'ai vu aux Italiens le *Bélisaire* de *Philidor*; il y a d'assez belles choses.

J'ai eu hier mes bottes à la hussarde, c'est la grande mode; elles vont dans la perfection, mon pantalon aussi; ma redingote est dans le goût le plus nouveau. On s'habille à présent comme des sacs : des petits collets rabattus d'un côté, de grandes croisures, des tailles énormes, des poches sur les côtés et les mains dedans; mode extrêmement prudente en ce temps-ci. Enfin, ma bonne mère, tu verras dans ma personne la fleur de la muscadinerie; tu verras ! tu verras ! C'est à mourir de rire.

Adieu, ma bonne mère, je vais faire mes visites dans mes habits neufs. Je t'embrasse de toute mon âme. Porte-toi bien surtout!

Je donne un grand coup de poing sur la tête de ma bonne, et je lui blanchis la figure avec la houppe. Comment va le cerbère Tristan-Belle-Spinette? est-il toujours roulé en boule sur le grand fauteuil?

. . . .

Le 11.

J'ai enfin vu *Corisande*. Le *quinque* du second acte est exécuté dans la perfection; j'y ai été avec mon ami, qui a toujours ses poches pleines de billets. J'étais à l'orchestre, et de ma place j'avais le plaisir de lire la partition de Guénin; je me figurais presque faire le premier violon.

J'ai été hier chez madame de Nanteuil, qui m'a comblé d'amitiés. Je croyais n'y rester que cinq minutes, mais sa fille aînée était au piano; sur le piano un bon violon; je m'en empare et me mets à l'accompagner depuis midi jusqu'à trois heures; elle jouait précisément les plus jolies sonates de Pleyel, celles que j'ai accompagnées à M. de Scévole. Je les sais par cœur, aussi j'allais d'un train! je faisais des passages d'un brillant! Pour comble de gloire, il est arrivé des visites qui ont bien vite fait un auditoire nombreux; c'était une rage, et voilà qu'aujourd'hui les invitations me pleuvent, je ne sais où donner de la tête.

Le 13.

. . . .

Je reçois tes deux lettres à la fois. La poste a jugé qu'elles s'ennuieraient de voyager seules, et elle les a mises de compagnie. Tu me fais tant de questions, ma bonne mère, que je n'y pourrai jamais répondre par écrit. Il y a une foule de choses que je te garde pour nos bonnes causeries du soir. J'ai fait toutes mes visites et toutes tes commissions. J'ai dîné hier chez madame de Ferrières, et le soir elle m'a envoyé dans la loge de madame de Bar, avec d'Heuzé, sa sœur et deux autres jeunes personnes. C'était une société infiniment grave, et nous avons dit plus d'extravagances qu'il ne m'en passe par la tête en six mois. J'ai vu maître Guillotot; je l'ai trouvé dans son intérieur, le teint frais, gros et gras, la bouche vermeille, et venant de prendre une médecine de précaution. — J'ai fait visiter mes cheveux; loin de me les couper, on les a trouvés trop courts. On m'a dégagé l'oreille, et l'arrière-face doit tomber sur le collet de l'habit. La perfection de l'oreille de chien c'est, quand ils sont bien longs, de faire au bout quelques papillotes qu'on ne crêpe point. Quant aux nattes et à la queue, il n'y a rien à y changer. Que ma bonne se console et s'attende à me voir l'oreille découverte. Je lui dis d'ailleurs mille choses gracieuses, amicales et sottes. Adieu, ma bonne mère, je t'embrasse, je t'aime de toute mon âme.

. . . .

Le 15.

Quoiqu'*à pied*, *l'honnête homme* se moque bien à Paris du mauvais temps! Il y a tant de choses à faire et à voir! Le matin je vais au Salon; de trois à six heures je dîne longuement en bonne compagnie : le soir je vais au spectacle. J'ai dîné chez madame de Ferrières avec toutes tes amies; j'ai été reçu à bras ouverts! Ah! comme on a parlé de toi! Le dîner était délicieux, servi en belle argenterie. La république n'a pas tout pris. Les vins parfaits. Il y avait des jeunes gens très-gais, et nous avons fait rire aux éclats même M. de la Dominière! J'ai été le soir à la rue Feydeau voir l'*École des pères* et les *Fausses Confidences*. Cette dernière pièce est absolument jouée comme avant 93 : Fleuri avait le même habit; Dazincourt aussi.

. . . .

Le 17.

Que tu es bonne de vouloir t'ennuyer encore dans ta solitude, pour me laisser quelques jours de plus à Paris! Quelle trop bonne mère! Si tu y étais avec moi, je m'y amuserais bien davantage. Aujourd'hui j'ai joint l'utile à l'agréable, et il me semble que je suis au-dessus de moi-même. Mon ami M. Heckel m'a lu deux ouvrages de morale, l'un sur l'immortalité de l'âme, l'autre sur le vrai bonheur. Tout est admirable, profond, rapide, clair, éloquent; c'est l'hiver dernier qu'il les a composés, et il m'assure qu'il n'a eu pour but que de me développer les principes de la vertu.

J'ai eu hier un succès extraordinaire en chantant *OEdipe* chez madame de Chabert. Mais ces succès, à qui les dois-je? A ma bonne mère, qui a bien voulu s'ennuyer à m'enseigner, et qui en sait plus que tous les professeurs du monde! Après la musique on a dansé; nous étions tous en bottes, n'en sois pas scandalisée, c'est l'usage à présent : mais comme on danse mal en bottes! Par là-dessus, on s'est imaginé de prendre du thé, et c'est bien là le souper le plus fade et le plus économique qu'on puisse faire. Adieu, ma bonne mère, je t'embrasse de toute mon âme, et je fais à ma bonne trente-trois amitiés.

. . . .

Le 19.

Tu me demandes si M. de la Blottais a reçu ta lettre. Je n'en sais rien; il est à la campagne et ne vient ici que furtivement, car il est sur la liste des émigrés. M. le duc me fait mille amitiés, je déjeune souvent avec lui, et s'il va en Espagne, il passera par Nohant. Je lui ai bien dit que ce n'était pas à ce prix-là que nous voudrions le voir. Je suis ici absolument comme Panurge. Tout le monde m'invite, et je ne puis dîner chez tout le monde. — Dis à Saint-Jean de retirer ma jument du pré et de lui donner de l'avoine pour qu'elle ait le cœur aux voyages. C'est toujours le plus prompt et le meilleur marché que cette façon d'aller.

. . . .

Ce matin, j'ai encore déjeuné avec M. le duc et mon ami Heckel. Nous avons mangé comme des ogres et ri comme des fous... Et figure-toi que, comme nous marchions tous trois sur le pont Neuf, les poissardes nous ont entourés et ont embrassé M. le duc *comme le fils de leur bon roi!* Tu vois si l'esprit du peuple a changé! Mais je t'en *parlerai verbalement,* comme dit Bridoison.

Je cours faire mes visites d'adieu. Va, je ne regretterai point Paris, puisque je vais te retrouver.

Je dis mille brutalités à ma bonne; qu'elle s'ap-

CHAPITRE CINQUIÈME.

prête à me raser, car ici on m'a fait les crocs, j'effrayais tout le monde, et les voilà qui repoussent de rage.

. . . .

Deschartres a eu beau chercher un précepteur pour le fils de madame de Chander, il regarde la chose comme impossible à trouver dans ce temps-ci. La race en est perdue. Tous les jeunes gens qui se destinaient à l'éducation cherchent à se faire médecins, chirurgiens, avocats. Les plus robustes ont été employés pour la république. Depuis six ans, personne n'a travaillé, il faut bien le dire, et les livres ont eu tort. On ne voit que des gens qui cherchent des instituteurs pour leurs enfants, et qui n'en trouvent pas. Il y aura donc beaucoup d'ânes dans quelques années d'ici, et j'en serais un comme un autre sans Deschartres; que dis-je? sans ma bonne mère, qui aurait toujours suffi à former mon esprit et mon cœur.

Le 13.

Nous partons demain. Deschartres se décide enfin à mettre ses estimables jambes dans des bottes. Il n'y a pas moyen de lutter contre le torrent! C'est commode à cheval, mais non au bal. On ne fait plus que marcher la contredanse. Dis à ma bonne que je vais m'en dédommager en la faisant sauter et pirouetter de gré ou de force. Adieu, Paris... et bonjour à toi bientôt, ma bonne mère! je pars d'ici plus fou que je n'y suis venu; c'est qu'aussi tout le monde l'est un peu. Il suffit d'avoir la tête sur les épaules pour se croire heureux. Les parvenus s'en donnent à cœur joie, et le peuple a l'air d'être indifférent à tout; jamais le luxe n'a été si brillant... Bah! bah! adieu à toutes ces vanités, ma bonne mère s'ennuie et m'attend : tant pis pour ma jument. Je vais enfin t'embrasser! Peut-être arriverai-je avant cette lettre!

MAURICE.

CHAPITRE SIXIÈME

Le Maréchal de Saxe.

Mes amis, à mesure qu'ils lisent ces pages imprimées, me font des questions et des observations plus ou moins fondées. En voici une à laquelle je crois devoir m'arrêter un instant avant de passer outre.

Pourquoi, me dit-on, avez-vous si peu parlé du maréchal de Saxe? N'était-ce pas la plus remarquable figure et la plus frappante destinée de ce passé que vous évoquez comme une base de votre récit? Ne savez-vous pas sur le compte de ce héros quelque fait particulier qui ait échappé à l'histoire? Votre grand'mère n'avait-elle pas quelque tradition domestique qui jetterait du jour sur ce caractère étrange et assez mystérieux encore pour la postérité?

Non, en vérité, ma grand'mère ne savait rien de particulier qu'elle voulût ou pût dire sur le compte de son père. Elle n'avait que deux ans lorsqu'elle le perdit, et, dans ses vagues souvenirs, ou dans les récits de sa mère, elle avait reculé devant son embrassade au milieu d'un dîner, parce qu'il exhalait une odeur de beurre rance qui répugnait à la précoce délicatesse de son odorat. Sa mère lui expliqua que le héros aimait de passion le beurre fort, et que pour le satisfaire on n'en trouvait jamais d'assez nauséeux. En fait de cuisine, tous ses goûts étaient à l'avenant. Il aimait le pain dur et les légumes presque crus. C'était une grâce d'état pour un homme qui passa les trois quarts de sa vie à la guerre.

Ma grand'mère croyait se rappeler aussi qu'il lui avait apporté un énorme mouton de parfilage d'or; et plus tard on lui avait montré ce mouton, en lui disant que c'était un cadeau du célèbre comte de Lowendahl, et que le maréchal l'avait apporté de sa part. Cela coûtait deux ou trois mille francs et valait parfilé [1] cinq ou six cents francs. Étrange fantaisie de prodigalité, qui consistait à donner aux femmes ou aux enfants une somme quelconque, payée trois ou quatre fois sa valeur, pour montrer qu'on avait de l'argent à perdre pour leur plaire.

Voilà tout ce que ma grand'mère avait vu de son père, et ce n'est pas d'un intérêt bien grand.

Maurice de Saxe appartient désormais à l'histoire. Elle l'a tant exalté et tant flatté de son vivant,

---

[1] C'est-à-dire *effiloché*. Ce travail des femmes consistait à séparer l'or de la soie pour le vendre.

qu'elle a le droit aujourd'hui d'être sévère; mais cette sévérité serait-elle de bien bon goût de ma part? Ai-je le droit, même à cette distance que le temps a mise entre nous (cent ans déjà depuis sa mort), de le juger en toute liberté d'allure? J'ai été élevée dans un respect aveugle de cette gloire. Depuis que j'ai lu et étudié cette grande existence, j'avoue que le respect a été entamé par une sorte d'effroi, et que ma conscience se refuserait absolument à pallier les entraînements d'une pareille époque.

Je vois de très-grandes qualités personnelles chez le maréchal de Saxe; mais si je m'attache à les faire ressortir sans montrer les ombres à côté des rayons, ne ferai-je pas ce que je blâme dans les préjugés de race? Ces préjugés consistent, je l'ai dit, dans l'orgueil du rang ou du succès, dans le culte aveugle des choses éclatantes, tandis que le vrai respect, celui qui devrait remplacer tous les autres, s'attacherait surtout aux humbles vertus et aux mérites que le monde n'a pas connus, ou qu'il n'a pas compris.

On m'observe que mes scrupules ne sont pas fondés sur une descendance légitime : elle n'en est pas moins directe et réelle. Je conviens qu'il y manque la consécration de la fidélité exclusive qui fait les adoptions sérieuses et familiales, avec ou sans notaire.

Mais n'ayant pas de notion particulière sur le maréchal de Saxe, je n'aurais à en raconter que ce que tout le monde sait de reste : qu'il s'appelait Arminius-Maurice, né à Dresde en 1696 ; qu'il fut élevé avec son frère, le prince électoral, depuis Auguste III, roi de Pologne ; qu'à douze ans il s'enfuit de chez sa mère, traversa l'Allemagne à pied, et alla rejoindre l'armée des alliés qui, sous les ordres d'Eugène de Savoie et de Marlborough, assiégeait Lille. Peut-être l'enfant terrible chantait-il en marchant : *Malbrough s'en va-t-en guerre.* On sait qu'il monta plusieurs fois la tranchée avec audace et reçut des Français, qu'il combattait alors, son premier baptême de feu. A treize ans, au siége de Tournay, il eut un cheval tué sous lui et son chapeau fut traversé par les balles. Au siége de Mons, l'année suivante, il sauta des premiers dans la rivière, portant un fantassin en croupe, tua d'un coup de pistolet un des ennemis qui croyait le faire aisément prisonnier ; et, s'exposant à tous les dangers avec une sorte de rage, il fut admonesté par le prince Eugène en personne sur l'excès de sa témérité.

On sait qu'en 1711 il marcha contre Charles XII ; qu'en 1712, âgé de seize ans, il commanda un régiment de cavalerie, qu'il eut encore un cheval tué sous lui, et qu'il ramena trois fois à la charge son régiment presque entièrement détruit.

Marié à dix-sept ans avec la comtesse Loben, père à vingt ans d'un fils qui ne vécut pas longtemps, guerroyant toujours avec passion, tantôt contre Charles XII, qu'il admirait avec tant d'ingénuité qu'il s'exposa dix fois à être tué ou pris pour arriver à le voir de près, tantôt contre les Turcs, en qualité de volontaire et pour l'amour de l'art, il ne revenait auprès de sa femme que pour essuyer de justes reproches sur ses infidélités. Il avait déclaré une grande aversion pour le mariage, et sa mère, en l'enchaînant au sortir de l'enfance, n'en avait tenu compte. Il était si réellement enfant à cette époque, qu'après avoir résisté opiniâtrément au désir de sa mère, il s'était décidé tout d'un coup sur cette considération que la jeune Loben s'appelait Victoire.

Il la quitta en 1720 pour venir en France, où le régent le fit maréchal de camp. Maurice fit rompre son mariage un an après. Sa femme pleura beaucoup et se remaria presque aussitôt. Tout ce qui entourait ce jeune homme, les mœurs de la régence, la facilité de briser des liens contractés sans croyance et sans amour, sa propre naissance, les terribles exemples de débauche de son père et de toutes les cours où son éducation s'était faite : voilà bien des causes de désordre et de précoce démoralisation. Élu par les Courlandais duc de Courlande et Sémigalle, aimé et encouragé par la duchesse Anne

Iwanowna, qui fut czarine de Russie par la suite, il lutta avec énergie pour conserver cette principauté contre les prétentions voisines. Il s'y fût maintenu par son ambition et sa volonté autant que par la protection de la duchesse Anne, mais cette dernière chance lui manqua bientôt par sa faute. Incapable de fidélité, une nuit qu'il traversait la cour du palais de la duchesse, portant une femme sur ses épaules, il rencontra une vieille armée d'une lanterne, qui eut peur et cria. Il donna un coup de pied dans la lanterne, glissa et roula dans la neige avec la vieille et la jeune femme. Une sentinelle accourut, l'affaire fut ébruitée. La future czarine ne pardonna pas et se vengea plus tard en disant de lui : « Il eût pu être empereur de Russie. Cette personne lui a coûté cher! »

Mais je m'aperçois que je fais une notice, et je ne voudrais pas grossir mon livre de pièces inutiles. Les campagnes de Maurice de Saxe pour la France sont trop connues pour que j'aie à en parler. Si l'on veut absolument qu'une appréciation de son caractère et de sa mission trouve place dans cet ouvrage, je ne puis qu'extraire et rapprocher le jugement consigné en divers endroits de l'*Histoire de France* d'Henri Martin, le plus beau des livres d'histoire publiés jusqu'à ce jour, parce qu'il est le plus complet.

« (1741.) On ne pouvait songer à assiéger méthodiquement Prague. L'électeur de Bavière reçut le conseil hardi d'attaquer cette grande ville par escalade. L'auteur de cet avis était un officier général qui jouissait déjà d'un grand renom militaire, quoiqu'il n'eût pas encore commandé en chef : c'était le comte Maurice de Saxe, fils naturel du feu roi Auguste II, aventurier rempli de fougueuses passions, d'ambitions violentes et de hautes inspirations guerrières. Après s'être fait élire duc de Courlande par les états de cette souveraineté en 1726, et avoir disputé son duché avec une héroïque témérité à la Russie et à la Pologne, il était venu se mettre au service de la France, avait fait avec distinction la guerre de 1733, et commandait une des divisions de l'armée du Danube. L'électeur eut au moins le bon sens d'écouter Maurice. L'auteur du projet en fut l'exécuteur. Maurice prit pour second dans l'entreprise un homme qui n'avait de commun avec lui que le courage, le lieutenant-colonel Chevert, officier né dans les rangs du peuple, et qui était la vertu même dans un temps corrompu, comme Maurice était la passion sans frein. La ville n'avait qu'une enceinte bastionnée et des fossés secs. Dans la nuit du 25 décembre, Chevert monta en silence sur un bastion à la tête de quelques grenadiers, repoussa les ennemis accourus aux cris des sentinelles, s'empara d'une porte voisine et l'ouvrit à la cavalerie française de Maurice...... Les généraux préservèrent la ville du sac et du pillage : c'était un notable progrès dans les mœurs militaires. » . . . .

« (1744.).... La principale armée française, forte de quatre-vingt mille hommes, entra en Flandre à la mi-mai. Le roi en personne la commandait, accompagné du maréchal de Noailles et du comte Maurice de Saxe, qui venait de recevoir le bâton de maréchal, malgré sa qualité de huguenot. Cette victoire sur l'intolérance, contradiction étrange avec le redoublement des persécutions contre les réformés français, était due en grande partie à Noailles et avait coûté beaucoup au roi, plein de petits préjugés et de petites superstitions. Noailles avait fait comprendre à Louis la supériorité militaire de cet étranger et la nécessité de l'attacher définitivement à la France, si dépourvue de généraux. »

« (1745.) — Le maréchal de Saxe, qui s'était montré vraiment grand général en 1744, et qui, avec des forces très-inférieures, avait empêché l'ennemi d'assiéger Lille ou de tenter aucune autre entreprise, reçut le commandement en chef pour 1745, dans un moment où il semblait menacé d'une autre fin que la mort des héros. En proie à une hydropisie qui l'obligeait à subir des ponctions douloureuses, il succombait sous les excès qui avaient ruiné la prodigieuse vigueur de sa constitution. On doutait qu'il fût en état de se rendre à l'armée.

Voltaire ne put, un jour, s'empêcher de lui demander comment il pourrait faire dans cet état de faiblesse. « *Il ne s'agit pas de vivre, mais de partir!* » répliqua le maréchal. C'est là un grand mot ; chez certaines natures, la hauteur du courage ressemble à la vertu à s'y méprendre. L'effet est le même, et la différence n'est que dans le mobile. » . . . .

. . . .

« (Fontenoy.) Le sort de la journée semblait fort compromis. Le maréchal de Saxe, qui voyait tout et se traînait partout, à cheval ou dans une petite carriole d'osier, commence de disposer la retraite pour le cas où un dernier effort ne réussirait pas. La présence du roi et du Dauphin, le devoir d'assurer leur salut, devenaient un embarras énorme et poussaient aux résolutions timides, bien que tous deux fissent d'ailleurs bonne contenance.

. . . .

« Cette victoire de Fontenoy flatta vivement l'esprit national et elle est restée populaire...... La vraie gloire fut au général qui avait vaincu presque mourant. » . . . .

« (1746.) Le maréchal de Saxe, à peu près rétabli de sa maladie, avait brusquement investi Bruxelles au milieu de l'hiver, et cette belle capitale des Pays-Bas autrichiens avait dû capituler au bout de trois semaines. » . . . .

« — Au commencement de mai..... la présence

du roi ne fut pas seulement inutile, mais nuisible. Les embarras d'une armée de *cour* empêchèrent Maurice de pousser l'ennemi aussi vivement qu'il l'eût fait. » . . . .

Interrompons l'historien, et faisons parler le maréchal lui-même. Les personnes qui ne s'occupent pas de l'art militaire ne connaissent de son style que la fameuse lettre au maréchal de Noailles sur la proposition qu'on lui avait faite (en 1746, précisément) d'être membre de l'Académie française; lettre où il allègue et prouve si bien qu'il ne sait pas seulement l'orthographe. « *Je repondu que se la malet comme une bage à un cat.* » Mais cette fantastique orthographe n'empêche pas le maréchal d'avoir un caractère comme écrivain et d'appartenir, par quelques écrits et quelques pensées, au mouvement littéraire du dix-huitième siècle. Ses lettres, concises, nettes, rapides, ont, par leurs restrictions mêmes, une véritable portée historique, et par leur humeur ou leur enjouement, un cachet de grandeur ou de franchise. Elles ont subi pour l'impression une traduction certaine, mais elles n'ont été ni altérées, ni arrangées dans leur forme, on le sent de reste. Voici ce qu'il écrit au chevalier de Folard :

« Au camp de Bouchout, le 5 mai 1746.

» J'ai reçu, mon cher chevalier, la lettre que vous
» m'avez fait l'honneur de m'écrire le..... et j'y vois

» avec plaisir que nous pensons de même sur ce qu'il
» y avait à faire après l'abandon que les ennemis
» ont fait de leur position derrière la Nèthe, et je
» n'y aurais pas manqué si j'avais été seul; d'autres
» circonstances m'ont empêché de les suivre et de
» les jeter dans la mer, ce qui ne pouvait manquer
» d'arriver, vu leur désordre, notre supériorité et
» notre position; je ne sais si vous savez ce que
» c'est qu'une armée de cour et tous les inconvé-
» nients qu'elle entraîne.

» J'ai détaché de cette armée quarante bataillons
» et cinquante escadrons pour faire l'investiture de
» Mons. Le siége se fera sous les ordres de M. le
» prince de Conti, dont Dieu bénisse les opérations !...

. . . .

» Quant à la politique, je ne vous en parlerai pas;
» gens plus habiles que moi s'en mêlent !..... »

Quelques jours après, il écrivait à Frédéric II :

« Votre Majesté sait très-bien que la partie mili-
» taire est toujours soumise à la politique. Ainsi,
» je me flatte que Votre Majesté ne m'attribuera pas
» les fautes qui pourront se faire pendant le cours
» de cette campagne. Le moment où je me trouve
» vous persuadera cette vérité, car je sens très-bien
» qu'une marche par notre droite mettrait l'armée
» des alliés dans une situation fort critique. »

Le 6 juillet de la même année, il écrivait au comte d'Argenson :

« Vous me faites l'honneur de me dire que le roi
» compte que je ne ferai point de mouvement ré-
» trograde qu'à la dernière extrémité. L'on ne peut,
» sans un risque éminent, faire de mouvement en
» arrière lorsque l'on attend la dernière extrémité;
» mais il faut se placer toujours de manière à n'être
» pas obligé de faire de mouvement en arrière......

. . . .

» Je ne suis pas naturellement porté, monsieur,
» aux mouvements rétrogrades; je crois vous avoir
» donné des preuves de ma constance, et peut-être
» de quelque chose de plus, lorsque les règles mili-
» taires m'y invitaient. Il n'y a que des raisons de
» politique qui puissent autoriser une conduite dif-
» férente. Je n'entrerai pas ici dans la discussion de
» savoir *auquel* on doit la préférence; mais je pense
» que la première est infructueuse, je veux dire la
» politique, par une bonne conduite à la guerre. »

Presque toutes les lettres de Maurice témoignent
des embarras qu'on lui crée, des fautes où on l'ex-
pose, et de la terrible responsabilité qu'on fait peser
sur lui, tout en limitant l'autorité absolue qui lui
serait nécessaire dans les circonstances graves. Tandis
que le roi vient payer sa dette à l'opinion française,
qui aime les rois chevaliers, en venant faire parade
devant l'ennemi d'un sang-froid que le général en chef
doit lui garantir facile et bien fondé, même au prix
de l'honneur et de l'armée; tandis que le roi lui

écrit : « Mon cousin, je vous fais cette lettre pour
» vous dire que mon intention est que vous assistiez
» au Te Deum avec les officiers de mon armée, etc., »
le maréchal huguenot ne songe qu'à prévoir ou à
réparer les fautes qu'il sait bien qu'on est toujours
prêt à commettre, et dans la manière dont il s'exprime il n'y a pas seulement le coup d'œil de l'homme
de guerre, il y a la franchise, rare en ce temps de
courtisanerie et de faiblesse, d'un homme qui veut
faire son devoir à tout prix. En se plaignant d'ordres
déplorables donnés par le prince de Conti, il écrit à
d'Argenson : « Vous verrez plus, monsieur, c'est
» qu'au lieu de songer à me renforcer, il me prévient
» qu'il enverra M. le comte d'Estrées, je ne sais pas
» où, battre les buissons dans des endroits où les
» ennemis ne sont pas. . . . .
. . . .
» Je suis trop bon serviteur du roi pour rendre à
» M. le prince de Conti ce qu'il me fait. Je veux
» cependant lui en faire la peur, en le menaçant de
» m'en retourner au camp de Louvain. »

En 1747 il rédigeait un mémoire lumineux sur la
situation de l'armée, et il y joignait des réflexions
qui révèlent cette franchise du génie et cette souffrance intérieure de l'*artiste* contrarié.

« Tout homme sage doit être alarmé de voir son
opinion désapprouvée généralement. Si l'incertitude et la variation sont un mal dans les choses

» de la vie privée, l'on peut dire que c'est un mal-
» heur à la guerre, et quiconque change sa disposi-
» tion¹ par légèreté ou sur ses opinions², jette
» toutes les parties d'une armée dans le désordre
» et la confusion, parce que l'on peut regarder les
» changements dans l'opération comme un accident
» arrivé au plan que l'on s'est formé³, qui ne s'éta-
» blit que sur une méditation faite à loisir et qui
» embrasse tout l'objet, avec les parties qui y sont
» relatives. Les personnes d'esprit, et surtout les
» personnes éloquentes, sont très-dangereuses dans
» une armée, parce que leurs opinions font des pro-
» sélytes, et si le général n'est pas un personnage
» opiniâtre et entêté de son opinion, ce qui est un
» défaut⁴, il⁵ lui donne des incertitudes capables de
» lui faire commettre de grandes fautes ; c'est le cas
» où je me trouve.

. . . .

» Ma conduite a paru trop unie, et l'on a jugé à
» propos d'opérer et de provoquer les événements.
» . . . . . . Berg-op-Zoom est devenu une affaire au-
» dessus des forces humaines, pour ainsi dire, ou
» du moins hors de tout exemple. La politique, nos

---

¹ Celle du général.
² D'après ses propres idées.
³ Que le général s'est formé.
⁴ C'est-à-dire ce qui déplaît aux gens de cour.
⁵ Cela lui donne.

CHAPITRE SIXIÈME.

» pertes et notre amour-propre peut-être nous ont
» échauffés sur cette entreprise, au point que nous
» sommes prêts à y sacrifier l'armée, la gloire de nos
» armes et celle du roi. Les esprits s'échauffent, on
» blâme le général de sa lenteur ; il ne saurait partir
» trop tôt pour se précipiter dans un labyrinthe qu'il
» prévoit. L'on parle, l'on écrit des mémoires, l'on
» se communique des idées, comme si celui qui est
» chargé de la conduite de cette campagne n'en était
» pas occupé. Enfin on veut le faire marcher, on
» brigue, on cabale à cet effet.

. . . .

» Au demeurant, l'on me permettra de prendre
» le parti que prennent les médecins, qui cèdent tou-
» jours aux avis de la consultation pour se mettre
» à couvert de tout blâme.

» A la guerre, il faut souvent agir par inspira-
» tion ; si l'on était toujours obligé de rendre compte
» pourquoi l'on prend plutôt un parti qu'un autre,
» l'on serait souvent contredit. Les circonstances se
» sentent mieux qu'elles ne s'expliquent, et si la
» guerre tient de l'inspiration, il ne faut pas trou-
» bler le devin. »

On voit par toutes ces lettres combien Maurice
était impatient du joug de la cour et quel mépris il
avait pour la politique de cette cour inepte et frivole,
où l'on ne regardait la guerre que comme un amusement, comme une occasion de briller, sans aucun

souci du sang des soldats et de l'honneur du pays. Chaque jeune officier ne songe qu'à sa gloire particulière, si l'on peut appeler gloire la coupable vanité de faire écharper son régiment et soi-même, nonseulement sans utilité, mais encore au grand préjudice ou au grand péril de la campagne. Maurice avait fait de ces folies à quinze ans. Il avait entendu Eugène lui dire : « *Apprenez à ne pas confondre la témérité avec la valeur,* » et encore enfant, il avait réfléchi sur cette semonce; il avait mûri de bonne heure, et personne dès lors ne fut plus avare du sang des hommes qu'il commandait. Outre qu'il était réellement très-humain, il mettait sa gloire et sa science à prévenir les maux de la guerre et à empêcher ces choses éclatantes où la noblesse, avide de retourner à ses plaisirs, voulait se précipiter pour gagner ses éperons et disparaître. Le grand Frédéric écrivait à Maurice en 1746 : — « Votre lettre peut servir d'in» struction pour tout homme qui est chargé de la
» conduite d'une armée. Vous donnez des préceptes;
» vous les soutenez par des exemples.

» .... Dans le premier bouillon de la jeunesse,
» lorsque l'on ne met que la vivacité d'une imagi» nation qui n'est pas réglée par l'expérience, on
» sacrifie tout aux actions brillantes et aux choses
» singulières qui ont de l'éclat.

» A vingt ans, Boileau estimait Voiture. A trente
» ans, il lui préférait Homère. Dans les premières

CHAPITRE SIXIÈME.

» années que je pris le commandement de mes trou-
» pes, j'étais pour les pointes; mais tant d'événe-
» ments que j'ai vus arriver, auxquels même j'ai
» pris part, m'en ont détaché. Ce sont ces pointes
» qui m'ont fait manquer la campagne de 1744.

. . . .

» Le grand art de la guerre est de prévenir tous
» les événements... Le chapitre des événements est
» vaste, mais la prévoyance et l'habileté peuvent
» conjurer la fortune. »

Puisque je suis en train de citer, ayant résolu de ne pas faire autre chose, je transcrirai encore un fragment de lettre du maréchal de Saxe à Frédéric. Il est intéressant parce qu'il est une appréciation de la bravoure et de l'intelligence des troupes françaises :

« Les Français sont ce qu'ils étaient du temps de
» César, et tels qu'il les a dépeints : braves à l'excès,
» mais inconstants, fermes à se faire tous tuer dans
» un poste, lorsque la première étourderie est pas-
» sée, car ils s'échauffent dans les affaires de poste,
» si l'on peut les faire tenir quelques minutes seu-
» lement; mauvais manœuvriers en plaine.

. . . .

» Il faut donc avoir recours aux dispositions, que
» l'on ne saurait faire avec trop de soin.

» Le simple soldat s'y connaît, et lorsqu'ils sont

» bien postés, l'on s'en aperçoit d'abord à leur gaieté
» et à leurs propos. »

J'ai dit que le maréchal de Saxe n'avait rien d'un courtisan. Fils de roi, aspirant sans cesse à être roi lui-même, il avait un grand orgueil. Et pourtant ce n'était qu'un aventurier hardi, qui dut se contenter du titre de grand général, et l'indépendance de son caractère eût pu lui être fort nuisible. Voici en quels termes il demandait, en 1734, un avenir au roi de France, dans une lettre adressée au comte de Noailles, et datée du camp de Graben :

« Quoique les belles actions parlent d'elles-mêmes,
» je me trouve dans le cas d'être obligé de me louer
» moi-même. Je n'ai ni parents ni amis à la cour, et
» une fausse modestie dégénère en stupidité. . . .

» Il y a quatorze ans que j'ai l'honneur d'être au
» service du roi, en qualité de maréchal de camp;
» j'en ai près de quarante, et je ne suis pas d'es-
» pèce à être assujetti aux règles et à vieillir pour
» parvenir aux grades. D'ailleurs, j'ai moins con-
» sulté les devoirs du sang et ceux de mes intérêts
» que ceux de l'honneur qui m'attachait au service
» du roi. Si vous y ajoutez le titre d'étranger, vous
» trouverez des raisons suffisantes pour m'avancer
» et pour porter le roi à m'accorder cette grâce, en
» y ajoutant l'agrément qui met le prix aux choses. »

Rapprochons de cette appréciation de sa propre situation, celle de M. Henri Martin :

CHAPITRE SIXIÈME.

« Il y avait quelque chose de peu flatteur pour
» l'orgueil national à devoir ses succès à un étran-
» ger. Encore cet étranger, ce bâtard de Saxe,
» avait-il pour principal lieutenant un autre étran-
» ger, un bâtard de Danemark, le comte de Lo-
» wendahl, homme supérieur, qui s'était formé en
» commandant les armées russes sous le maréchal
» Münich. Il ne se formait plus chez nous de géné-
» raux. La cause générale était l'extinction des
» fortes études et des fortes pensées parmi la haute
» noblesse. »

Après avoir raconté les campagnes du maréchal
de Saxe, détails admirablement résumés, mais qui
se lient à trop d'événements généraux pour trouver
place ici, l'historien supérieur que je cite aborde la
personnalité de Maurice de Saxe dans le livre *Des
mœurs et des idées en France depuis la mort de
Louis XIV jusqu'au milieu du dix-huitième siècle :*

« ... Richardson fait voir... dans son fameux ro-
» man, animé d'une réalité si puissante et si poi-
» gnante..... le vice élevé à des proportions tragi-
» ques, la séduction systématique poursuivant avec
» une froide et violente perfidie ce qui subsiste en-
» core de vertu et de sentiment vrai dans le cœur
» de la femme, le séducteur transformé en une sorte
» de héros illustré d'une gloire infernale : *Lovelace*
» est l'*Antechrist* de l'amour. Les modèles ne man-
» quent pas à cette étrange figure. Lovelace n'est

» qu'un Richelieu agrandi et plus sérieux dans le
» mal. Maurice de Saxe exprime une nuance excep-
» tionnelle. Il n'a pas cette froideur de serpent ; im-
» pétueux dans le vice comme dans les combats,
» c'est l'Ajax homérique dénué de sens moral et
» jeté au milieu d'une civilisation raffinée, capable
» d'actes odieux ou d'actes généreux, suivant que
» sa fougue l'entraîne. Mais que Lovelace, dans le
» monde réel, s'appelle Richelieu ou Maurice de
» Saxe, le résultat est le même, si le caractère et les
» moyens diffèrent. »

. . . .

« Voltaire n'admet nullement que la race humaine
» ait diminué en nombre, comme le prétendaient
» Montesquieu et tant d'autres. Il croit que la popu-
» lation n'augmente ni ne diminue sur le globe... Il
» y a sur cette question un curieux mémoire du
» maréchal de Saxe, imprimé à la suite de ses *Rê-*
» *veries.* Il propose, pour remédier à la prétendue
» dépopulation, qu'on ne se marie plus que pour
» cinq ans et qu'on ne puisse se remarier à la même
» femme, si l'on n'a pas eu d'enfants d'elle au bout
» de cinq ans. — C'est un étrange philosophe que
» Maurice de Saxe. — Montesquieu, dans l'*Esprit*
» *des lois,* voudrait aussi des lois, moins bizarres
» sans doute, afin de favoriser la propagation. Il
» eût été bien étonné si on lui eût annoncé que la
» population de l'Europe, avant un siècle, aurait

CHAPITRE SIXIÈME.

» doublé presque partout et triplé dans certains pays,
» malgré des guerres et des révolutions immenses. »

Au livre quatrième de *la France sous Louis XV*, M. Henri Martin achève d'esquisser le maréchal de Saxe :

« Le maréchal de Saxe venait de mourir (30 no-
» vembre 1750), la tête pleine de projets de réforme
» et emportant avec lui tout ce qui nous restait de
» science de la grande guerre. On reconnaît, par
» une lettre de Maurice au ministre de la guerre,
» qu'il prévoyait les conséquences de l'état d'indis-
» cipline et d'ignorance où était tombée l'armée.

. . . .

» Il eût probablement trouvé le remède, c'est-à-
» dire dérobé le secret de Frédéric II, si une fin
» prématurée, suite de ses excès, ne l'eût enlevé à
» la France.

» ... Dans sa lettre au comte d'Argenson, Mau-
» rice déclare que l'armée française doit éviter les
» affaires de plaine et de manœuvres, et tâcher de
» se réduire à des coups de main et à des affaires
» de poste. Il ne fut que trop bon prophète. — Ses
» œuvres militaires, *Rêveries*, notes, etc., publiées
» en 1757, sont très-intéressantes à étudier. Il eût
» voulu rendre l'équipement du soldat plus sain et
» plus commode, faire reprendre à la grosse cava-
» lerie l'armure défensive et la lance, donner aux
» fantassins le pas cadencé comme chez les Prus-

» siens, faire décider les affaires par la baïonnette
» et non par le feu, établir une école d'état-major,
» obtenir qu'on donnât les grades supérieurs non
» plus à l'ancienneté, mais au mérite; avoir pour
» la défense des ports des machines toujours prêtes,
» avec lesquelles on formerait à la minute des re-
» tranchements sous l'eau à l'entrée des ports, pour
» arrêter les vaisseaux et les brûlots, créer une in-
» fanterie légère fort analogue à nos *chasseurs de*
» *Vincennes.* — Très-préoccupé de protéger la vie
» et la santé du soldat, il regrette les armes défen-
» sives d'autrefois. Il mêlait à ses vices des senti-
» ments d'humanité. Il tâchait de faire disparaître
» le cruel usage de brûler les faubourgs des villes
» menacées. Il mettait les espions à la chaîne au
» lieu de les pendre. Il philosophe quelquefois plus
» sérieusement que dans ce bizarre *Mémoire sur la*
» *population,* dont nous avons parlé ailleurs. *Quel*
» *spectacle nous présentent aujourd'hui les nations?*
» *On voit quelques hommes riches, oisifs et volup-*
» *tueux, qui font leur bonheur aux dépens d'une*
» *multitude... qui ne peut subsister qu'en leur pré-*
» *parant sans cesse de nouvelles voluptés. Cet as-*
» *semblage d'hommes oppresseurs et opprimés forme*
» *ce qu'on appelle la société, et cette société rassemble*
» *ce qu'elle a de plus vil et de plus méprisable, et en*
» *fait ses soldats. Ce n'est pas avec de pareilles mœurs*
» *ni avec de pareils bras que les Romains ont vaincu*

» *l'univers.* Ce n'est pas Montesquieu, ce n'est pas
» Rousseau qui parle ainsi : c'est Maurice de Saxe
» dans ses *Rêveries*. — Maurice voudrait que tout
» Français fût soldat cinq ans sans exception...

» Les généraux éminents disparurent avec Mau-
» rice de Saxe et Lowendahl, qui survécut peu à
» son compagnon d'armes. L'abaissement du gou-
» vernement devenait toujours plus profond sous la
» main de la Pompadour, etc. »

On voit que l'illustre historien, tout en rendant justice au maréchal de Saxe, le traite avec beaucoup de sévérité. Cette sévérité est respectable chez un tel juge, et je ne saurais, ma grand'mère fût-elle là pour me le commander, lutter contre la condamnation portée par un talent si beau, si honnête, un talent qui est le type du patriotisme, en même temps qu'il est celui de la conscience et de la vertu.

Tout ce qui m'est permis, c'est de rappeler que les égarements du héros furent ceux de son époque et ceux de son éducation. Au demeurant, l'âme était belle et grande, l'habitude du caractère bonne et généreuse. Dans un autre milieu, et soutenu par d'autres conseils, d'autres principes et d'autres exemples, cet *Ajax homérique* eût conquis sa gloire militaire pure des taches de la vie privée. « S'il fut vicieux, dit un autre historien de sa vie, les femmes y mirent une grande bonne volonté et l'y aidèrent de leur mieux. » — C'est probable; mais madame

Favart est un gros péché dans sa vie, un péché que Dieu seul a pu lui pardonner, quoi qu'en ai dit Grimm dans sa *Correspondance*. Les efforts de cet écrivain pour flétrir la victime et réhabiliter le coupable sont une action presque aussi mauvaise que l'action elle-même. Voilà le temps et les mœurs.

Maurice aimait réellement ses soldats et fort peu les gens de l'armée de cour, témoin sa réponse à un lieutenant général qui, en lui proposant l'attaque d'un poste, ajoutait : « Vous risquez d'y perdre au plus une douzaine de soldats. — Passe, répondit le maréchal, *si c'était une douzaine de lieutenants généraux,* » et il lui tourna le dos.

Il accueillit la mort sans effroi, disant à son médecin : « *La vie est un songe. Le mien a été court, mais il a été beau.* »

Ce mot résume l'homme et le siècle.

C'était, en somme, un esprit très-exalté et dont l'excuse est dans cette exaltation même. Sa destinée ne fut pas suffisante à son activité. Il avait besoin d'être souverain, et comme il n'avait en ce temps-là aucun droit à l'être, ses amis eurent souvent à le défendre contre le reproche de folie que ses contemporains lui adressèrent. Qu'il fût venu cinquante ans plus tard, il eût cherché et réalisé quelque part peut-être son rêve de royauté, à moins que la France n'eût étouffé son ambition sur l'échafaud. La destinée de Napoléon est comme une

CHAPITRE SIXIÈME.

réalisation agrandie des songes ardents de Maurice. On sait que le fougueux Saxon rêva la royauté de Tabago, puis celle de la Corse, puis enfin celle des Juifs. C'était un réformateur sans lumière suffisante; mais qu'il eût été aux prises avec une tâche plus vaste que celle de donner un moment de gloire sans lendemain à la France corrompue, son remarquable sens pratique, qui reparaissait toujours dans l'action, en dépit de la fièvre physique et morale, l'eût peut-être préservé des erreurs qu'il couvait dans la solitude. Il eût pris conseil, il se fût éclairé, et, comme Adrienne Lecouvreur l'avait initié, sauvage et farouche, aux arts délicieux, quelque esprit juste et sérieux eût pu l'initier aux idées vraies. On ne doit jamais croire qu'une grande intelligence comprimée n'eût pas pris le bon chemin, si elle l'eût trouvé accessible. La vie d'enivrement n'est pas le but des hautes facultés que Dieu donne à certains hommes. C'en est l'écueil quand leur mission échoue par la faute des circonstances. C'est la maladie d'un ennui et d'un désespoir qui ne s'avouent pas toujours à eux-mêmes; mais ce mal serait peut-être vaillamment secoué, si, au lieu de l'infection des cours libertines, l'air pur et libre venait vivifier et retremper ces poitrines puissantes.

CHAPITRE SEPTIÈME

Suite de l'histoire de mon père. — Persistance des idées philosophiques. — *Robert, chef de brigands.* — Description de la Châtre. — Les *Brigands* de Schiller.

AVERTISSEMENT.

Certaines réflexions viennent inévitablement au courant de la plume quand on parle du passé : on le compare avec le présent, et ce présent, le moment où l'on écrit, c'est déjà le passé pour ceux qui vous lisent au bout de quelques années. L'écrivain a quelquefois aussi envisagé l'avenir. Ses prédictions se trouvent déjà réalisées ou démenties quand son œuvre paraît. Je n'ai rien voulu changer aux réflexions et aux prévisions qui me vinrent durant ces derniers temps. Je crois qu'elles font déjà partie de mon histoire et de celle de tous. Je me bornerai à mettre leur date en note.

Je continuerai l'histoire de mon père, puisqu'il est, sans jeu de mots, le véritable auteur de l'histoire de ma vie. Ce père que j'ai à peine connu, et qui est resté dans ma mémoire comme une brillante apparition, ce jeune homme artiste et guerrier, est resté tout entier vivant dans les élans de mon âme, dans les fatalités de mon organisation, dans les traits de mon visage. Mon être est un reflet, affaibli sans doute, mais assez complet, du sien. Le milieu dans lequel j'ai vécu a amené les modifications. Mes défauts ne sont donc pas son ouvrage absolument, et mes qualités sont un bienfait des instincts qu'il m'a transmis. Ma vie extérieure a autant différé de la sienne que l'époque où elle s'est développée; mais eussé-je été garçon et eussé-je vécu vingt-cinq ans plus tôt, je sais et je sens que j'eusse agi et senti en toutes choses comme mon père.

Quels étaient, en 97 et en 98, les projets de ma grand'mère pour l'avenir de son fils? Je crois qu'elle n'en avait pas d'arrêtés et qu'il en était ainsi pour tous les jeunes gens d'une certaine classe. Toutes les carrières ouvertes à la faveur sous Louis XVI l'étaient sous Barras à l'intrigue. Il n'y avait rien de changé en cela que les personnes, et mon père n'avait réellement qu'à choisir sa place entre les camps et le coin du feu. Son choix, à lui, n'eût pas été douteux; mais depuis 93 il s'était fait chez ma grand'mère une réaction assez concevable contre les actes et les personnages de la révolution. Chose très-remarquable pourtant, sa foi aux idées philosophiques qui avaient produit la révolution n'avait pas été ébranlée, et en 97 elle écrivait à M. Heckel une lettre excellente que j'ai retrouvée. La voici :

DE MADAME DUPIN A M. HECKEL.

« Vous détestez Voltaire et les philosophes, vous
» croyez qu'ils sont cause des maux qui nous acca-
» blent. Mais toutes les révolutions qui ont désolé
» le monde ont-elles donc été suscitées par des idées
» hardies? L'ambition, la vengeance, la fureur des
» conquêtes, le dogme de l'intolérance, ont boule-
» versé les empires bien plus souvent que l'amour
» de la liberté et le culte de la raison. Sous un roi
» tel que Louis XIV, toutes ces idées ont pu vivre
» et n'ont rien pu bouleverser. Sous un roi tel
» qu'Henri IV, la fermentation de notre révolution
» n'eût pas amené les excès et les délires que nous
» avons vus, et que j'impute surtout à la faiblesse,
» à l'incapacité, au manque de droiture de Louis XVI.
» Ce roi dévot a offert à Dieu ses souffrances, et son
» étroite résignation n'a sauvé ni ses partisans, ni
» la France, ni lui-même. Frédéric et Catherine ont
» maintenu leur pouvoir, et vous les admirez,
» monsieur; mais que dites-vous de leur religion?
» Ils ont été les protecteurs et les prôneurs de la
» philosophie, et il n'y a point eu chez eux de ré-
» volution. N'attribuons donc pas aux idées nou-

» velles le malheur de nos temps et la chute de la
» monarchie en France, car on pourrait dire : « Le
» souverain qui les a rejetées est tombé, et ceux qui
» les ont soutenues sont restés debout. » Ne confon-
» dons point l'irréligion avec la philosophie. On a
» profité de l'athéisme pour exciter les fureurs du
» peuple, comme au temps de la Ligue on lui
» faisait commettre les mêmes horreurs pour défen-
» dre le dogme. Tout sert de prétexte au déchaîne-
» ment des mauvaises passions. La Saint-Barthélemy
» ressemble assez aux massacres de septembre. Les
» philosophes sont également innocents de ces deux
» crimes contre l'humanité. »

Mon père avait toujours rêvé la carrière des armes. On l'a vu, durant son exil, étudier la bataille de Malplaquet dans sa petite chambre de Passy, dans la solitude de ces journées si longues et si accablantes pour un enfant de seize ans; mais sa mère aurait voulu, pour seconder ses inclinations, le retour d'une monarchie ou l'apaisement d'une république modérée. Quand il la trouvait contraire à ses secrets désirs, comme il ne concevait pas alors la pensée d'agir sans son adhésion complète, il parlait d'être artiste, de composer de la musique, de faire représenter des opéras ou exécuter des symphonies. On retrouvera ce désir marchant de compagnie avec son ardeur militaire, de même que son violon fit souvent campagne avec son sabre.

En 1798, se présente dans l'histoire de mon père une circonstance futile en apparence, importante en réalité, comme toutes ces vives impressions de jeunesse qui réagissent sur notre vie entière, et qui même parfois disposent de nous à notre insu.

Il s'était lié avec la société de la ville voisine, et je dois dire que cette petite ville de la Châtre, malgré les travers et les défauts propres à la province, a toujours été remarquable pour la quantité de personnes très-intelligentes et très-instruites qui se sont produites dans sa population, tant bourgeoise que prolétaire. En masse on y est pourtant fort bête et fort méchant, parce qu'on y est soumis à ces préjugés, à ces intérêts et à ces vanités qui règnent partout, mais qui règnent plus naïvement et plus ouvertement dans les petites localités que dans les grandes. La bourgeoisie est aisée sans être opulente, elle n'a point de lutte à soutenir contre une noblesse arrogante, et rarement contre un prolétariat nécessiteux. Elle s'y développe donc dans un milieu très-favorable pour l'intelligence, quoique trop calme pour le cœur et trop froid pour l'imagination.

Cité ancienne et affranchie anciennement, la Châtre est placée dans un vallon fertile et délicieux, qui s'ouvre tout entier aux regards quand on a gagné la lisière des plateaux environnants. Par la route de Châteauroux, à peine a-t-on laissé derrière soi une chaumière au nom romantique (la *Maison du diable*), qu'on descend une longue chaussée bordée de peupliers, avec un ravin de vignes et de prairies à droite et à gauche, et de là on embrasse d'un coup d'œil la petite ville, sombre dans la verdure, dominée d'un côté par une vieille tour carrée qui fut le château seigneurial des Lombaud, et qui sert aujourd'hui de prison; de l'autre par un lourd clocher bien reluisant, dont la base, servant de porche à l'église, est un fort beau morceau d'architecture antique et massive.

On entre dans la ville par un vieux pont sur l'Indre, où un rustique assemblage de vieilles maisons et de vieux saules offre une composition pittoresque.

Mais avant de décrire cette ville, je me permettrai, sous forme d'apostrophe, une courte digression.

O mes chers compatriotes! pourquoi êtes-vous si malpropres? Je vous le reproche très-sérieusement et avec quelque espoir de vous en corriger. Vous vivez dans le climat le plus sain, et au milieu de la population rustique de la vallée Noire, qui est d'une propreté exquise, et pourtant vous semblez vous plaire à faire de votre ville un cloaque infect, où l'on ne sait où poser le pied, et où vous respirez à toute heure des miasmes fétides, tandis que derrière l'enceinte de vos maisons fleurit la campagne embaumée, et qu'au-dessus de vos toits abaissés passe une masse d'air libre et pur, dont il semble que vous ayez horreur. Il est bien difficile d'assainir et d'entretenir propres des cités comme Lyon et Marseille; mais la Châtre! un groupe de maisonnettes jetées dans une oasis de prairies aromatiques et de vergers en fleurs! Vraiment la dépravation de l'odorat, le cynisme de la vue, inhérents à la population des petites villes de l'intérieur, sont des vices que n'excuse nulle part la misère, et qu'ici la pauvreté ne peut pas même expliquer, puisque cette population est aisée, et que d'ailleurs les bourgeois les plus riches n'y ont pas plus que les ouvriers les plus restreints la pudeur de faire disparaître la souillure de leurs seuils inhospitaliers. Aucune observation des règlements de la plus simple police ne préoccupe apparemment les fonctionnaires municipaux. La chasteté pourtant l'exigerait aussi bien que la salubrité. La malpropreté est indécente, elle révèle dans les mœurs une absence de respect de soi-même, et dans l'esprit une habitude d'engourdissement honteux. Fi de la Châtre sous ce rapport! Dans des recoins perdus et ignorés de la vallée Noire, vous découvrez parfois sous les buissons une misérable chaumière construite en boue séchée au soleil, et soutenue de quelques vieux ais vermoulus. Si, par exception, la ménagère n'est qu'une coureuse fainéante, l'intérieur répondra à l'extérieur; mais ce sera une exception, ne l'oubliez pas. Dix fois sur douze vous trouverez la maisonnette bien balayée, la vaisselle brillante sur le dressoir, le lit propre, l'âtre sans tache, pas un grain de poussière sur les solives enfumées : une misère profonde, parfois déchirante à voir, toujours respectable et jamais repoussante. Oui, la propreté est la dignité du pauvre, c'est par elle qu'il se montre supérieur à sa destinée et plus digne de vivre dans les palais que les fainéants qui les possèdent. Je crois que j'ai dit cela souvent, je le répéterai sans me lasser. L'indigence qui s'abandonne avec nonchalance et découragement mérite de la pitié : celle qui lutte contre son dénûment, qui lave ses haillons, qui assainit et purifie sa pauvre demeure, mérite du respect et de l'amitié. Mais la saleté gratuite et volontaire n'inspire que le dégoût. Elle n'est autre chose qu'une dépravation et une ignominie.

Sans cette affreuse malpropreté, la Châtre serait un séjour agréable. La plus belle rue, la rue Royale, est, en réalité, la plus laide; elle est sans caractère. Mais le vieux quartier est pittoresque et conserve quelques-unes de ces maisons de bois de la renaissance, si élégantes et d'une si belle couleur. La ville, jetée en pente, monte toujours vers la prison, et des rues étroites, qui serpentent entre des rangées de pignons inégaux envahis par la mousse et les pigeons, vont appuyer le flanc de l'antique cité à un ravin coupé à pic, au fond duquel l'Indre dessine ses frais méandres dans un paysage étroit mais ravissant. Ce côté-là est remarquable, et quand on sort de la ville par la promenade de l'abbaye, pour suivre le petit chemin sablonneux de *la Renardière*, on arrive aux *Couperies*, un des sites les plus délicieux du pays, au delà duquel on peut se perdre dans un terrain miné par les eaux, déchiré de ravines charmantes, et semé d'accidents pittoresques.

J'ai décrit la Châtre, je l'ai sermonnée, parce qu'au fond je l'aime, et je l'aime parce que mon père y eut des amis dont les enfants sont mes amis.

En 1798, mon père, lié avec une trentaine de jeunes gens des deux sexes, et lié intimement avec plusieurs, joua la comédie avec eux. C'est une excellente étude que ce passe-temps-là, et je dirai ailleurs tout ce que j'y vois d'utile et de sérieux pour le développement intellectuel de la jeunesse. Il est vrai que les sociétés d'amateurs sont, comme les troupes d'acteurs de profession, divisées la plupart du temps par des prétentions ridicules et des rivalités mesquines. C'est la faute des individus et non celle de l'art. Et comme, selon moi, le théâtre est l'art qui résume tous les autres, il n'est point de plus intéressante occupation que celle-là pour les loisirs d'une société d'amis. Il faudrait deux choses pour en faire un plaisir idéal : une bienveillance véritable qui imposerait silence à toute vanité jalouse, un véritable sentiment de l'art qui rendrait ces tentatives heureuses et instructives.

Il est à croire que ces deux conditions se trouvèrent réunies à la Châtre à l'époque que je raconte, car les essais réussirent fort bien, et les acteurs improvisés restèrent amis. La pièce qui eut le plus de succès, et qui fit briller chez mon père un talent de comédien spontané et irrésistible, fut un drame détestable, en grande vogue alors, mais dont la lecture m'a beaucoup frappée, comme un échantillon de couleur historique : *Robert, chef de brigands.*

Ce drame, *imité de l'allemand*, n'est qu'une misérable imitation des *Brigands* de Schiller, et pourtant cette imitation a de l'intérêt et de l'importance, car elle implique toute une doctrine. Elle fut représentée pour la première fois à Paris en 1792. C'est le système jacobin dans son essence; Robert est un idéal du chef de la montagne, et j'engage mon lecteur à le relire comme un monument très-curieux de l'esprit du temps.

Les *Brigands* de Schiller sont et signifient tout autre chose. C'est un grand et noble ouvrage, rempli de défauts exubérants comme la jeunesse (car c'est l'œuvre d'un enfant de vingt et un ans, comme chacun sait); mais si c'est un chaos et un délire, c'est aussi une fiction d'une haute portée et d'un sens profond. Permettez-moi de vous en rappeler l'analyse.

Un vieillard faible et bon a deux fils, natures énergiques et terribles, dont on ne comprend guère la parenté avec cette âme débonnaire et crédule. On voudrait voir la lionne qui les a enfantés, ou entendre rappeler d'elle quelque trait qui expliquât l'origine des violentes passions de ces deux types redoutables. Schiller n'y a point songé. Supposons ce que nous voudrons; c'est le défaut des riches que cette absence de soin. Ils ont trop pour tout montrer, et une œuvre d'art qui laisse beaucoup supposer et beaucoup inventer au delà du cadre où elle se renferme est déjà une œuvre pleine de feu et de vie.

Charles, l'aîné de ces deux fils du comte de Moor, est un lion généreux et brave; François, le cadet, est un loup poltron et perfide. Le premier a la puissance du bien, le second celle du mal. Tous deux ont du génie, tous deux se disputent la tendresse d'un père, qui doit être la victime de cette lutte dénaturée.

Charles, livré aux égarements de la jeunesse, calomnié par son frère, aigri, désespéré, veut cependant abandonner ses amis les étudiants qui l'entraînent au désordre, pour retourner auprès d'un père qu'il aime et respecte au fond du cœur. Il lui écrit pour lui demander le pardon de ses erreurs et lui exprimer un repentir sincère. Il attend sa réponse avec impatience, il est plein du souvenir de ses jeunes années et d'un pur amour qu'il regrette amèrement d'avoir négligé. C'est là que s'ouvre le drame. Charles veut revenir à la vertu. Le pourra-

CHAPITRE SEPTIÈME.

t-il? Le vice n'a-t-il fait qu'effleurer cette âme supérieure? Un caractère si impétueux aura-t-il pu se plonger impunément dans le délire des mauvaises passions? Oui sans doute, si la fatalité, qui s'attache comme un châtiment à une destinée dont nous prenons trop peu de soin, ne vient s'opposer à sa conversion et changer en fureur ces élans de tendresse et de piété.

La réponse du vieux Moor arrive, transmise par l'intermédiaire de François; c'est un refus, c'est la malédiction paternelle. François a intercepté les lettres de Charles. Il en a supposé d'autres qui le signalaient au courroux de son père comme un scélérat incorrigible, menaçant, plongé dans le déshonneur et dangereux pour la vie même du vieux comte.

Charles exaspéré se voue aux Furies. L'amour se change en haine, en désespoir, en blasphème, dans son sein et sur ses lèvres. Il maudit Dieu et l'humanité. Il veut venger dans le sang de tous les maîtres, de tous les oppresseurs, la honte et l'abandon de tous les déshérités. Il devient l'ennemi furieux et implacable de la société qui le repousse et le condamne. Ses compagnons, perdus de dettes, et repoussés comme lui du monde officiel, se groupent autour de lui et prononcent d'affreux serments.

Mais que vont-ils faire de toute cette colère, de tous ces besoins de vengeance? L'un d'entre eux, créature lâche, cynique et rusée, a ouvert l'avis d'exercer le brigandage, et il a conçu ce projet sous l'empire de préoccupations cupides et méprisables. Les autres n'y ont vu qu'un moyen de se séparer de la société et de se venger d'elle en la rançonnant. Charles Moor saisit violemment cette idée, parce qu'à l'instant même elle lui apparaît plus grande et plus logique. Il se créera une puissance terrible pour châtier les méchants et venger leurs victimes. Il sera le bras armé de la justice divine. Il ressuscitera les décrets sanguinaires du tribunal secret de la vieille Germanie. Il accepte le commandement de l'entreprise. Il prononce l'anathème sur tout son passé, sur tout son avenir. Il entraîne ses compagnons dans les forêts et dans les montagnes.

Cette résolution, toute romantique et brusque qu'elle paraisse, n'a rien d'invraisemblable dans l'œuvre de Schiller. Elle s'explique par la situation violente où se trouvent les esprits surexcités de ces jeunes gens à la fois trop instruits et trop ignorants, types variés, mais tous vrais et profonds, d'un scepticisme amer et d'une effrayante désorganisation morale. Leurs entretiens animés sont pleins d'une exagération où le mauvais goût s'allie au sublime, et qui peint admirablement l'époque de transformation où l'humanité se trouvait à la fin du dix-huitième siècle. La foi du passé était morte, il n'y avait rien de préparé pour appuyer l'espérance d'une foi nouvelle. Le mal qui régnait dans les mœurs et dans les institutions apparaissait dans toute sa laideur. Les abus étaient monstrueux, et la jeunesse enthousiaste, éprise d'un rêve de liberté et de réforme, n'avait pas assez de vertu, pas assez de croyance, pas assez de force véritable à opposer à cette chute du vieux monde qui allait l'engloutir malgré ses protestations et ses cris.

FIN DU TOME PREMIER.

TABLE
DU TOME PREMIER.

———

PREMIÈRE PARTIE.

CHAPITRE PREMIER.

Pourquoi ce livre ? — C'est un devoir de faire profiter les autres de sa propre expérience. — *Lettres d'un Voyageur.* — *Confessions* de J. J. Rousseau. — Mon nom et mon âge. — Reproches à mes biographes. — Antoine Delaborde, maître paulmier et maître oiselier. — Affinités mystérieuses. — Éloge des oiseaux. — Histoire d'*Agathe* et de *Jonquille*. — L'oiselier de Venise.   1

CHAPITRE DEUXIÈME.

De la naissance et du libre arbitre. — Frédéric-Auguste. — Aurore de Kœnigsmark. — Maurice de Saxe. — Aurore de Saxe. — Le comte de Horn. — Mesdemoiselles Verrières et les beaux esprits du dix-huitième siècle. — M. Dupin de Francueil. — Madame Dupin de Chenonceaux. — L'abbé de Saint-Pierre.   31

CHAPITRE TROISIÈME.

Une anecdote sur J. J. Rousseau. — Maurice Dupin, mon père. — Deschartres, mon précepteur. — La tête du curé. — Le *libéralisme* d'avant la révolution. — La visite domiciliaire. — Incarcération. — Dévouement de Deschartres et de mon père. — *Nérina*. 72

CHAPITRE QUATRIÈME.

Sophie-Victoire-Antoinette Delaborde. — La mère Cloquart et ses filles à l'hôtel de ville. — Le couvent des Anglaises. — Sur l'adolescence. — En dehors de l'histoire officielle, il y a une histoire intime des nations. — Recueil de lettres sous la terreur. . . . 110

CHAPITRE CINQUIÈME.

Après la terreur. — Fin de la prison et de l'exil. — Idée malencontreuse de Deschartres. — Nohant. — Les bourgeois terroristes. — État moral des classes aisées. — Passion musicale. — Paris sous le Directoire. 187

CHAPITRE SIXIÈME.

Le maréchal de Saxe. 227

CHAPITRE SEPTIÈME.

Suite de l'histoire de mon père. — Persistance des idées philosophiques. — Description de la Châtre. — *Robert, chef de brigands.* — Les *Brigands* de Schiller 252

FIN DE LA TABLE.

www.ingramcontent.com/pod-product-compliance
Lightning Source LLC
Chambersburg PA
CBHW070546160426
43199CB00014B/2389